今日から始める!

米国株投資超入門

松本大
マネックス証券取締役会長

東洋経済新報社

プロローグ

世界のマーケットで戦ってきた僕が米国株を勧める3つの理由

最高値を更新し続けるニューヨーク・ダウ

じつは本書が最初に世に出たのは、いまから8年ほど前です。初版は２０１３年12月ですから、いまの米国株式投資ブームからすれば、ちょっと早すぎたかな、という気もしています。

でも、まあ、先見の明はあったかな（笑）。

この本が出た当時のことを少し思い出すと、２００８年のリーマンショックと２０１１年の東日本大震災、そして２０１２年の民主党政権崩壊と自民党政権の復活、アベノミクスによる株価の回復と円安によって日本の景気は徐々に回復基調をたどり、２０１３年9月の第１２５次ＩＯＣ総会で、先般閉幕した東京２０２０オリンピック・パラリンピックの開催が決まったというタイミングでした。

２０１３年はたしか日本株が世界で最も値上がりした１年でもありました。こうなると、大勢の個人投資家の目は、どうしても日本株に向きがちです。実際２０１３年１月から２０２１年6月に至るまで、日本株は幾度となく調整したものの、２０２１年２月

図0-1　NYダウと日経平均株価の変化

（注）1989年末=100とする

16日には3万714円という高値をつけるところまで上昇してきました。アベノミクス前夜、2012年12月の日経平均株価は9376円の安値があったので、実にこの8年間で日経平均株価は3倍にまで値上がりしたことになります。

ちなみに、2012年12月のニューヨーク・ダウは1万2883ドルが安値で、2021年5月10日には3万5091ドルをつけていますから、日経平均株価とほぼ同じで約3倍になりました（図0-1）。

「なんだ、日本株と変わらないじゃないの」という声も聞こえてきそうです。たしかに、上昇率という点では、米国と日本の株価は拮抗しています。

でも、**中身が全然違う**のですよ。

そもそもニューヨーク・ダウは過去最高値をずっと更新し続けているのですが、日経平均株価はたしかに3万円台に乗せたとはいえ、まだ1989年12月のバブルピーク時につけた高値、3万8915円を抜いていないのです。「俺たち（日経平均株価）、ニューヨーク・ダウと同じくらい値上がりしているんだぜ」などとドヤ顔をするのは、1989年12月につけた過去最高値を抜いてからにしましょう、と言いたいところです。

米国の強さ①
世界中から人が集まってふえ続ける人口

では、これからも日本の株価は上昇し続け、バブルピーク時の高値を抜いて、どんどん値上がりする環境にあるでしょうか。

この点については正直なところを申し上げると、「厳しい」と言わざるを得ません。

なぜなら人口の減少によって、**日本経済は成長しにくい状況に直面する**からです。

2021年7月1日時点の総人口の概算値は1億2536万人です。これが将来的にどうなっていくのでしょうか。国立社会保障・人口問題研究所が出している「日本の将

図0−2 日米の将来推計人口

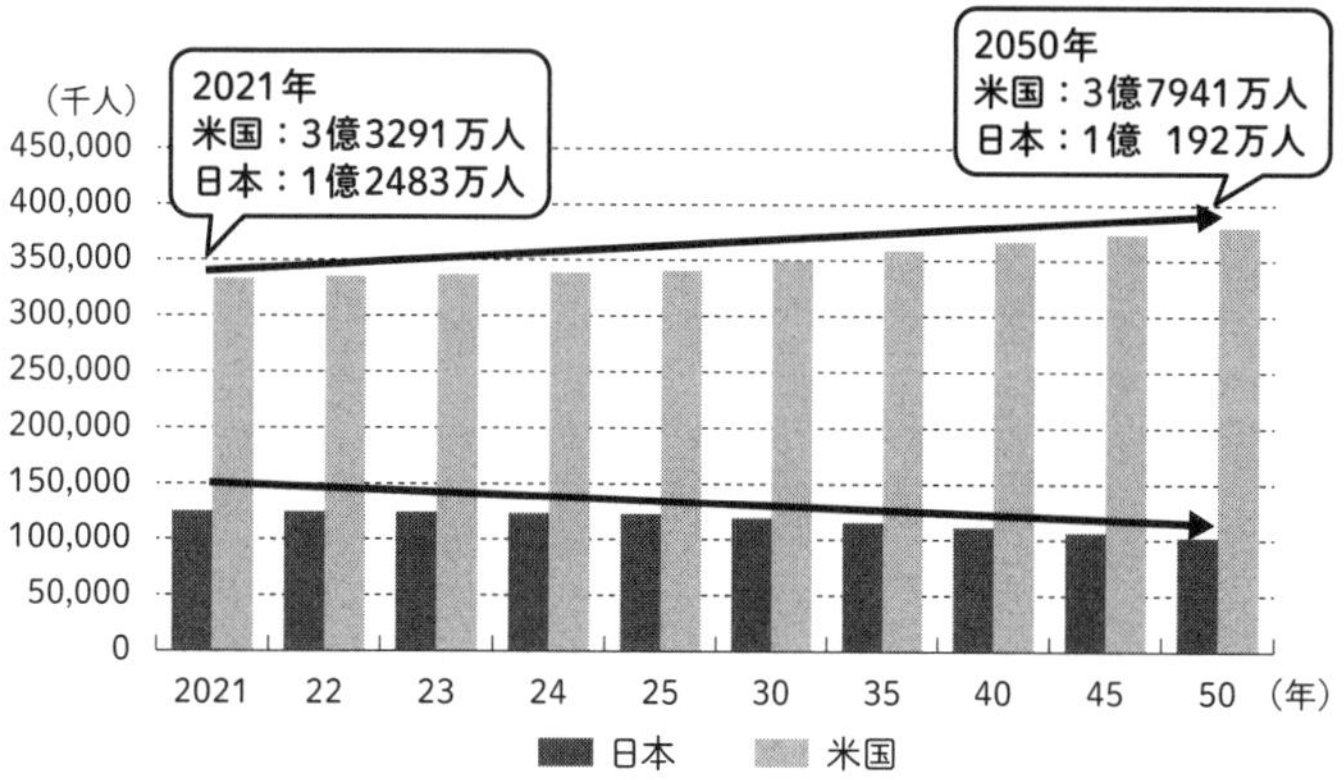

（出所）国立社会保障・人口問題研究所「日本の将来推計人口」2017年、United Nations "World Population Prospects 2019" より作成

来推計人口」によると、出生、死亡ともに中位の数値を用いて推計したもので、2050年に日本の総人口は1億192万人まで減ります。その後も減少を続け、2053年には日本の総人口は1億人を割り込んで9924万人になります。さらに2063年には9000万人をも割り込み、8808万人まで減ってしまいます（図0−2）。

もちろん、人口が減少しても経済が大きく落ち込まないようにするため、いまの日本は国を挙げて、生産性を向上させるためにはどうすれば良いのかということを検討しているわけですが、こればかりはどうなるかわかりません。何しろこれだけのペースで人口が減っていくのは、少なくとも第二次世界大戦後の先進国ではどこも経験していないことなのです。

一方、米国の人口はどうなるのかということですが、これからも当分の間、ふえ続けます。２０２１年の米国の総人口は３億３２９１万人です。そして、２０５０年になってもまだふえ続け、同年の総人口は3億７９４１万人と推計されています。何しろ米国は移民の国であり、それは昔もいまも変わりません。結果、**世界各国から米国に人が集まり、長期にわたる人口増加を支えていく**のです。

この違いは、恐らくそのまま経済力に反映されていくと思います。ほぼ同じ期間内に、日本の人口は２３００万人も減少するのに対し、米国の人口は４６００万人もふえるのですから、両国の経済力が今以上に広がるのは、想像に難くありません。これから資産形成のために投資をするのであれば、まずこの事実をしっかり頭に入れておいてください。

これはもう断言しても良いのですが、**米国経済は非常に強い**のです。そして、**資産形成で成功するためには、経済に限ったことではないのですが、「強い国」にお金を置いておくのが定石**です。

米国の強さ②
イノベーションを育む土壌

米国経済の強さは、2020年に入ってから世界中を巻き込んだ新型コロナウイルスの感染拡大の過程でも立証されたと思います。

米国の新型コロナウイルスの感染者数は3623万665人（2021年8月12日現在）で、死亡者数が61万7427人。これに対して日本は感染者数が106万5910人で、死亡者数は1万5323人です。

人口比では説明できないくらい米国は感染者数、死亡者数ともに日本を大きく上回っているわけですが、そのなかでファイザーやモデルナといった米国の製薬会社は新型コロナウイルスに効くワクチンをいち早く開発し、早急に承認され、量産化して物凄い勢いで全米の希望者にそれを打ち、さらに世界中にワクチンを供給しました。もうニューヨークでは大勢の人がマスクを外し、経済は正常化へと向かっています。

ワクチンが開発されたとなったら、あっという間に米国民がそれを打ちに動き、「これでもう大丈夫だ」となって経済を一気に回し始める。このダイナミズムこそが、米国経済の強さなのです。

昔、といってもまだ30年ほど前のことですが、「技術力」といえば「日本」という時代がありました。

もちろんいまも、日本が持っている技術力は非常にレベルが高いものですが、目の前に立ちはだかる難題を突破しながら、革新的な技術を世の中に生み出す力は、残念ながらいまの日本にはほとんど見られません。こうした**イノベーションに関しては、米国に敵う国はほとんどない**でしょう。

新型コロナウイルスが世界中に拡散する兆しを見せ始めていた2020年1月時点で、新型コロナウイルスのワクチン開発に関連した研究は、ひとつもありませんでした。ワクチン開発には数年の時間を必要とするのがこれまでの常識だったので、新型コロナウイルスのワクチン開発にも相応の時間が必要ではないかと言われていたのですが、米国政府は2020年末に、米国のファイザーに対して、新型コロナウイルスワクチンの使用許可を出しました。

なぜこれだけの短期間でワクチン開発が成功したのでしょうか。

理由のひとつとして、かつてパンデミックになりかけたSARSやMERSといった他のコロナウイルス感染症に対応するための研究が進められていたため、今回のワクチン開発が早期に実現したという点はもちろんあります。

とはいえ、それでも米国が持つイノベーティブな技術開発力には脱帽せざるを得ません。事は新型コロナウイルスのワクチン開発だけではないからです。

たとえば暗号資産で有名になったブロックチェーン技術。

かつて日本はビットコインのホルダーの数が世界一で、ブロックチェーン技術の論文に関してはロシア語で書かれているものがたくさんあるなど、暗号資産やブロックチェーンに関しては米国独占というわけにはいかないだろうなどと言われたものですが、そこから米国の急激な巻き返しが進み、いまでは米国が他の国をリードしています。

いや、そんな生易しいものではないな。米国はすでに他の国々を3周分くらい突き放していると言ったほうが、より正確かもしれない。

なぜ米国において、ここまでイノベーションがうまく進むのかというと、**規制のかけ方がうまい**のです。社会に悪影響を及ぼしそうなところについてはきちんと規制をかけながらも、イノベーションのために必要な部分については、規制を緩めて自由にやらせる。そのさじ加減がうまいのです。

規制を緩和させるだけだと、苛烈な競争状態が作り出されて、とんでもなくワイルドな環境になる恐れがあります。だからこそうまく管理しながらイノベーションを促す必要があります。

じつは日本でも、規制を緩めることによって著しく技術が進化した分野があります。iPS細胞による再生医療がそれです。この分野についてはさまざまな治験が進むように、「やりたい放題」といっても良いくらいなほど規制緩和を進めました。

その結果、この分野に関して、日本は世界一といっても良いほど技術が進化しました。新型コロナウイルスの感染が世界中に広がる前までは、米国やアラブ諸国、中国の富裕層がプライベートジェットに乗って日本に来て、若返りのための施術を行って帰国するということが、頻繁に行われていたくらいです。それは日本の再生医療分野における技術が世界一だったからに他なりません。うまく規制を緩和させれば、イノベーションは物凄い勢いで進むことの好例といっても良いでしょう。

その日本がなぜ暗号資産、ブロックチェーン技術で米国の後塵を拝することになったのかというと、規制でがんじがらめにしてしまったからです。イノベーションを促す余地をうまく作らず、規制だけを先行させてしまいました。これが最大の敗因です。

たとえば日本では、銀行や信託銀行が暗号資産のカストディ（保管）業務を行うことができません。これはいまから2年ほど前に、信託業法という法律で、信託銀行は信託業務として暗号資産のカストディ業務を行ってはいけないということを明文化してしまったからです。これに対して銀行は、銀行法に明文化されていないため、本来であれば暗号資産のカストディ業務ができるはずだったのですが、実際にこれを行うためには、個別に金融庁の承認をとる必要があるため、結局のところ日本では銀行も信託銀行も、暗号資産のカストディ業務は行っていません。

ところがこの間に、米国では銀行による暗号資産のカストディ業務ができるように、枠組みの整備が進められました。すでにこの業務に乗り出している銀行もありますし、ＪＰモルガン・チェースやゴールドマン・サックスなど大手金融機関も、いよいよこの分野に乗り出すことを表明しています。

これまで暗号資産というと、どことなくうさん臭さが付きまとっていましたが、ＪＰモルガン・チェースやゴールドマン・サックスといった当代一流の金融機関がこのジャンルに乗り出すとなれば、いやがおうでも暗号資産に対する関心度、あるいは信用力が高まります。利用者も安心して使えるようになりますし、ビジネスになる可能性が高まれば、そこには起業家やエンジニアなどが集まってきますから、さらにイノベーションが加速するようになります。

イーロン・マスクで知られる宇宙ビジネスもそうです。彼が率いているスペースX、正式名称は「スペース・エクスプロレーション・テクノロジーズ」というのですが、2021年4月16日に、米航空宇宙局（NASA）が月面に宇宙飛行士を着陸させるための機体の製造を、この会社に委託したというニュースが流れました。スペースXが単独で宇宙開発を行っているのではなく、NASAのような国の機関が、上手にイノベーターの能力を活用して、技術開発を推し進めるのです。

これらのケースからもわかるように、たんなる技術力だけでなく、**最先端技術を国として育てていく枠組みやコミットメント、気質、文化のようなものが、米国には根付いているの**です。だから、ブロックチェーンはこれまで世界の流れに対して1周遅れくらいだったのが、一気に3周先くらいまで行ってしまったし、宇宙産業に至っては民間のイノベーターの力を上手に活かして、いまでは世界に対して5周くらい先に行ってしまうほどの進化を実現できたのです。

米国の強さ③
イノベーションを支える豊富な人材

先般の大統領選挙において、トランプ前大統領は1期でその職を辞めることになり、代わってジョー・バイデン大統領が誕生しました。共和党政権から民主党政権へと体制が大きく代わったのです。

同じ共和党内で大統領が別の人物に代わるのとはわけが違います。保守的な政策のもと、小さい政府を目指している共和党から、リベラルな政策で大きな政府を志向する傾向が強い民主党へと代わったわけですから、当たり前のことですがこれは大きなストレスになります。

あまり良い例ではありませんが、日本でも自民党政権が野に下ったときがありました。古くは1993年から1994年までの非自民・非共産連立政権時代と、2009年から2012年にかけての民主党政権時代がそれですが、結局、日本においてはそれまでの野党が与党になった途端、政権は機能不全に陥りました。

ところが米国の場合、民主党、共和党という二大政党制のもとで、両者が常に政権党になったり、野党になったりを繰り返しているせいもあり、政権党が代わったくらいで機能不全になど陥りません。その背景には、政治家だけでなく、政治家を支えるスタッフの人材が非常に分厚いことが挙げられます。実際、2020年に行われた大統領選挙でも、トランプからバイデンに大統領が移り、共和党政権から民主党政権に移行したものの、何の問題もなく国が動いています。

この人材の分厚さは政治の世界だけでなく、軍隊から経済、金融に至るまで、あらゆるところに見られます。この人材の分厚さこそが、米国の底力を支えているといっても過言ではありません。

そして、この**人材の分厚さは、移民政策によって支えられている**と考えられます。もちろん、その国に人が呼び寄せられる魅力がなければ、いくら移民政策を積極的に推し進めても無駄になります。米国に移民が集まるということは、それだけ魅力的な理由があるからに他なりません。

その理由のひとつは教育にあると思います。とくに高等教育において、米国の右に出る国はないでしょう。世界の留学生に人気の大学を考えても、米国にはスタンフォード大学、ハーバード大学、マサチューセッツ工科大学（ＭＩＴ）など、世界的に名高い大学がたくさんあります（図０－３）。

図 0-3　2021 年世界大学ランキング

順位	大学名	国
1	オックスフォード大学	英国
2	スタンフォード大学	米国
3	ハーバード大学	米国
4	カリフォルニア工科大学	米国
5	マサチューセッツ工科大学	米国
6	ケンブリッジ大学	英国
7	カリフォルニア大学バークレー校	米国
8	イェール大学	米国
9	プリンストン大学	米国
10	シカゴ大学	米国
～		
36	東京大学	日本

（出所）タイムズ・ハイヤー・エデュケーション

教育水準が高いだけでなく、そこに集まっている学生が将来、世界のエリートになっていくため、そこで得た友人は貴重な人脈になります。そのため、政治や経済の分野でトップを目指す優秀な学生が、どんどん米国に集まってくるのです。

皆さんが知っている米国の有名な起業家は、必ずしも米国生まれとは限りません。グーグルの創業者であるセルゲイ・ブリンはロシア生まれですし、前出のイーロン・マスクも南アフリカ共和国の出身です。

このように、移民が起業して米国の雇用を生み出すというのは最近のテック企業に限った話ではありません。いまでは世界的なブランドになりましたが、ブルージーンズのリーバイ・ストラウス・ジャパンは、１８４７年にドイツから移民してきたリーバイ・ストラウスによって起業された会社ですし、いまではフォーチュン５００社の40％が、移民かその子供によって創業された会社という統計もあります。

世界でいちばん安心して投資できる国は米国である！

２０２０年3月16日、ニューヨーク・ダウは前週末比で２９９７ドル安となり、同月12日に記録した２３５２ドルの下げ幅を上回り、過去最大の下げ幅を記録。同日のニューヨーク・ダウ終値は2万１８８ドル52セントになりました。

その前は3万ドルを目指して上昇を続けてきたのが、瞬間的につけた安値では1万9０００ドルをも割り込んだのです。マーケット関係者からすれば、リーマンショックの悪夢が蘇り、ひやひやものだったと思います。

でも、そこから1年も経たないうちにニューヨーク・ダウは3万ドルを突破して上昇し、２０２１年5月10日には3万５０９１ドルという高値をつけています。

なぜ、米国の株価はここまで鮮やかに回復基調をたどることができたのでしょうか。

このとき、急落する株式市場を支えたのはＦＲＢ（米連邦準備制度理事会）でした。緊急追加利下げによってゼロ金利政策に踏み込み、１兆５０００億ドル規模の追加資金供給を実施しましたが、その後株価がさらに大きく下げたことから、より大胆な金融緩和政策を打ち出しました。

それは**「インフィニティブ・アマウント」**、つまり無限に資金を供給することを、言い切ったのです。

これはマーケット関係者にとって、非常に力強い発言となったのは、言うまでもないでしょう。資金繰りの心配さえなくなれば、当面、経済の歯車が止まるようなことにはならずに済みます。この金融緩和政策による安心感から、株価は再び上昇傾向をたどるようになりました。

では、なぜ米国はここまで株式市場に対して親和的な政策をとることができるのでしょうか。

それは**国体として、株価を守ることにコミットしている**からです。つまり株価が上がれば上がるほど、米国で生活をしている人々、あるいは米国に拠点を置いている企業など、ありとあらゆる人々にとって、メリットにつながるような仕組みになっているのです。たとえば企業経営者が受け取る報酬は、その大部分がストックオプションです。つまり株価が上がれば上がるほど、ストックオプションを株式に転換することによって受け取る報酬がふえていきます。

あるいは「529プラン」という、米国の高等教育資金積立制度は、両親や祖父母が加入者となり、子供を受益者に指名した上で、大学や大学院など高等教育に必要な資金を積み立てる制度があるのですが、これも運用は株式で行われています。したがって、株価が下落すると教育資金が減ってしまい、未来の米国を担う子どもたちの高等教育に悪影響が及びます。

これらはあくまでも一例に過ぎませんが、とにかく米国という国は株価が上昇するほど国民の生活が豊かになる仕組みが、至るところに講じられているのです。そうである以上、**株価が大きく下げたときには、それを何とかして元の水準に戻そうという力学が生じます。**

だから、FRBもコロナショックが生じた直後に「インフィニティブ・アマウント」といって、無制限の金融緩和を即座に決定したのです。

このように、国を挙げて株価の上昇にコミットしている国は、恐らく米国を除いて他にはないでしょう。恐らくこれからも何度となく、米国の株式市場は急落すると思います。でも、**国を挙げて株価上昇にコミットする仕組みが守られている限り、米国は世界で最も安心して株式に投資できる国である**とも言えるのです。

米国株投資で「じぶん年金」を運用しよう！

よく考えてみてください。いまの日本はすでに「超高齢社会」に突入しています。「高齢化社会」ではありません。それよりもさらに高齢者の比率が高くなった超高齢社会なのです。人口推計によれば、２０５０年には、現役世代１・２人で65歳以上の高齢者１人を支える時代になるといわれています。

その負担を軽減させようとして、国は社会保障改革を進めているわけですが、「国が何とかしてくれる」などとは考えないほうがよいでしょう。政策がしっかりワークするという保証もまた、どこにもないのですから。

したがって、やはり**個々人が自分で老後の生活資金を、早い時期から準備していく必要があります。**

２０５０年はまだ遠い未来の話、と思っている人も多いでしょう。しかし、いまが２０２１年ですから、29年後です。２０２１年に新卒で社会人になった人はまだ51歳の働き盛りです。その後も日本の総人口は減少の一途をたどり、加えて総人口に占める現役世代の人口比率が減っていきますから、２０２１年新卒組が定年を迎えるころは、年金をはじめとする社会保障制度がいま以上に厳しい状況になっている恐れがあります。

少なくとも受け取れる年金の額がいま以上にふえていることはないでしょう。

それがわかっているのですから、いまのうちに準備を始めてみてはどうでしょうか。

資産運用は、若いうちから始めたほうが有利です。なぜなら、損をしたとしても、自分が働けば、損失を穴埋めできる可能性があるからです。また、米国経済が今後も右肩上がりでよくなっていくと仮定すれば、途中で株価が下がって損失を被ったとしても、保有し続けることでリカバリーすることもできると考えられます。

しかし、定年を迎えてからリスク商品で運用する場合、この両方のメリットを享受できなくなる恐れがあります。歳をとればとるほど、自分が積極的に働くことができなくなりますし、保有し続けることで損失から回復するのを待てるだけの時間的ゆとりが持てなくなります。

その意味でも、**若い人たちにこそ、米国株での運用を真剣に考えてもらいたい**のです。

「投資なんて縁遠い」と思っている人もいると思います。しかし、実際に投資するに際してのハードルは、それほど高くありません。日本円で10万円ほどの資金があれば、売買できる銘柄もたくさんあります。

「米国の会社なんか知らないし」とおっしゃる方は、自分の身の回りを見渡してみてください。

普段、アマゾンを使って買い物をしていませんか？

何か調べ物をするとき、恐らくグーグルを使っている人がとても多いのではないでしょうか。

ネットフリックスでオンデマンドの映像コンテンツを視ている人も多いでしょうし、スマートフォンはアップルのiPhoneを使っているのではないでしょうか。

じつは皆さんの周りには、たくさんの米国企業の製品・サービスがあるのです。結構、米国企業は皆さんにとって身近な存在だったりします。ちょっと好奇心を強く持てば、新しい資産運用の世界が広がってくる可能性があるのです。

目次

第2章

松本大流「投資の極意」

第3章 円安リスクから資産を守る

第4章 米国株投資5つのシナリオ

第5章 米国株投資の基礎知識

第6章

ネット証券で始める米国株投資

第7章

米国株投資お役立ちツール

第8章

米国株投資の税金とＮＩＳＡ

本書は、２０１３年、小社より刊行された『世界のマーケットで戦ってきた僕が米国株を勧めるこれだけの理由』に、最新情報を加え、米国株投資の初心者に向けて大幅な改訂を行ったものです。

第1章

マクドナルドは日本株ではなく米国株に注目！

米国の株価は２００年間も上昇し続けている

米国株の何がすごいのかというと、長期的に見て**「株価が上がり続けている」**ということに尽きると思います。

ニューヨークに証券取引所ができたのは、１８１７年のこと。ですから、すでに２００年以上の歴史を持っています。この**２００年のあいだ、幾度となく米国の株価は大暴落を経験しましたが、大暴落のあとには必ず徐々に株価は回復し、いつの間にか高値を更新し続けている**のです。

過去、代表的な暴落は、次のようなものがありました。

①１９２９〜１９３１年　世界大恐慌（▲**89%**）
②１９７３〜１９７４年　第一次オイルショック（▲**45%**）
③１９８７年　ブラックマンデー（▲**36%**）
④２０００〜２００２年　ＩＴバブル崩壊（▲**33%**）

⑤２００７～２００９年　リーマンショック（**▲53％**）
⑥２０２０年２～３月　コロナショック（**▲37％**）

いずれもカッコ内の数字は、ニューヨーク・ダウの下落率を指しています。

さて、このように幾度となく大きな下落を経験した米国株式市場ではありますが、長期的なトレンドをみると、

１９０６年１月12日……**１００・25ドル**
１９７２年11月14日……**１００３・16ドル**
１９９９年３月29日……**１０００６・78ドル**
２０１７年１月25日……**２００６８・51ドル**
２０２０年11月24日……**３００４６・24ドル**

というように**右肩上がりの上昇が、１２０年以上続いてきている**ことがわかります。
これが、米国株式市場の凄さなのです。

対して、日本はどうでしょうか。

日本の株式市場は、実質的に戦後から始まったと考えるのが妥当でしょう。日経225平均株価は、1989年12月末の3万8915円まで、ひたすら右肩上がりの上昇を続けました。途中、米国株式市場と同様、第一次オイルショックや昭和40年不況（証券不況）、さらにはブラックマンデーといった暴落も経験していますが、それを乗り越えて、株価は上昇しました。

しかし、それもバブル経済の崩壊にはかないませんでした。日経平均株価は米国株とは異なり、第二次安倍政権による「アベノミクス」が行われるまで、実に**20年以上にわたって下げ続けた**のです。

むろん、現在に至るまで幾度となく回復の兆しをみせることもありましたが、結局、期待はずれのまま、株価は低迷し続けました。

2021年2月15日、日経平均株価が30年半ぶりに3万円に乗せたことが話題になりましたが、それでもまだ過去最高値更新には至っておらず、本当の意味でこの株価上昇が「本物」であるためには、1989年12月につけた3万8915円を超えなければなりません。それが実現して初めて日本の株価は上昇局面に入り、4万円を超えていくことになるのですが、それにはまだそれなりの時間を必要とするでしょう。

しかし、米国の株価は、少なくともニューヨーク・ダウをみる限り、大きく下げることはあっても、そこからの**回復が比較的早いという点で、日本の株式市場とは明らかに異なる地合いの強さ**を感じさせます。

直近でみても、ITバブル崩壊前につけた高値を抜いたのは、その約6年後ですし、リーマンショック前の最高値を抜いたのは、その5年半後です。ちなみに1987年10月に起こったブラックマンデーの場合は、1年10か月で高値を奪還してきました。そして2020年3月のコロナショックでは、なんとわずか半年でコロナショック前の高値を更新してきたのです。この回復力は驚きです。

米国の株式市場の歴史で、最も高値回復に時間がかかったのは、1929年の世界大恐慌時で、このときは高値を回復するまでに22年2か月を要しています。しかし、それ以外の暴落局面は、いずれも「歴史的な」という枕詞が付くものの、日本のバブル崩壊後の低迷局面に比べれば、「軽いショック」で済んでいるのです。

こうして米国の株価は、200年以上の歴史のなかで、ひたすら最高値を更新し続けています。他の国の株式市場をみても、これだけ**暴落後の回復力が早く、かつ長期にわたって最高値を更新し続けているケースはみられません。**繰り返しになりますが、それだけ米国経済が強いことの証といえます。

米国で株価を意識した経営が行われる理由

このように、株価が過去最高値を更新し続けているのは、**米国に資本主義の考え方が徹底されているから**でもあります。

資本主義の世界では、株主の立場がとても尊重されますから、企業は株式の価値を少しでも高めようとして、不断の経営努力を積み重ねます。たとえば、直近20年でダウ指数採用銘柄の合計配当金の推移をみると、対前年比で減少している年はわずかです（図1−1）。

こうした考え方や文化が、社会全体にしっかり根付いていることが、米国の株価を支えているのです。

株式価値が重視されるようになったのはなぜでしょう。いくつか背景が考えられます。

ひとつはＰＥＲ革命です。**ＰＥＲ**とは、「Price Earnings Ratio」といって、株価を１株あたりの利益で割って求められます。この数字が高くなるほど、株価は利益に対して

図1-1　NYダウ指数配当銘柄の合計配当金

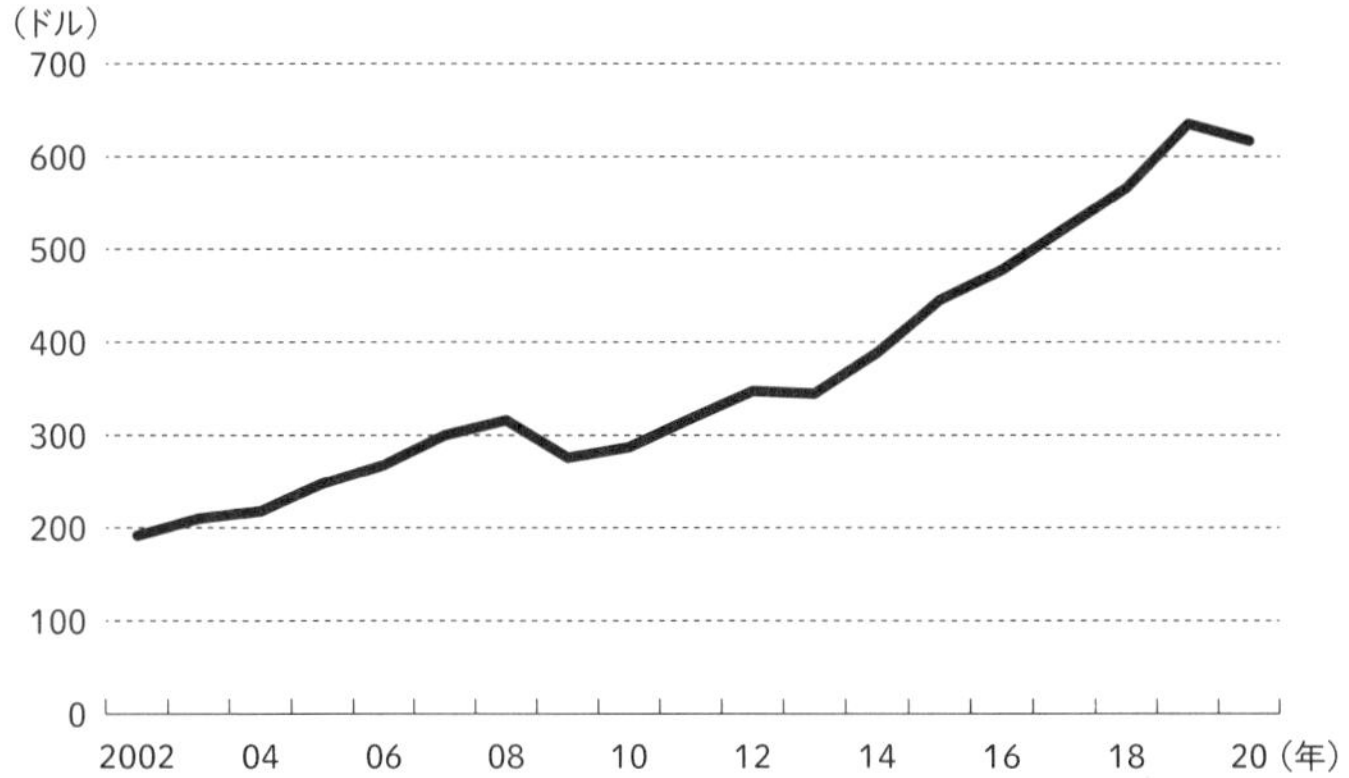

割高に買われていることを意味し、逆にこの数字が低くなるほど、株価は利益に対して割安に買われていることを意味します。

　PERの概念が登場するまで、株価はその会社が持っている資産価値を反映して形成されると考えられていました。つまりPBRの考え方です。**PBR**とは「Price Book-value Ratio」のことで、株価を1株あたり純資産で割って求められる数字です。純資産というのは、その会社の資本も含めた純粋な財産のことを指しています。

　株価形成の要因が資産価値から収益に変わったことで、株式の価値＝株価が大きく上昇しました。その結果、米国の資本市場に莫大な富がつくりだされました。当然、その当時に株式投資をしていた人たちは、巨万の富を手にしたはずです。結果、**個人レベルでも株式に対する思い入れが強く、それが株価を意識した経営を重視するカルチャーにつながっている**と考えられます。

さらに発想を飛躍させると、そもそも米国という国の建国の経緯からして、株主が重視される風土があったのではないかとも考えられます。

政権のことを米国では「アドミニストレーション（administration）」といいます。この言葉には他に、行政、執政、管理、運営、監督管理といった意味もあります。

１６９０年、イギリスのピューリタン（清教徒）たちがプリマス港を発って、現在の米国のマサチューセッツ湾に、メイフラワー号で乗り付けたところから、米国の開拓史は始まります。あれだけ広い国土を、西へ、西へと突き進み、ネイティブ＝アメリカンと戦いながら開拓を続けていったわけですが、皆は開拓に忙しく、仲間内の意見の相違を調整するのがむずかしくなってきました。そこで、仲間内から調整役を選出したのが、大統領という概念の始まりといわれています。つまり大統領＝政権はアドミニストレーションなのです。

このような背景もあり、米国では、**国民一人ひとりが国を支えているという意識が強烈**です。だからこそ、企業を支えている株主の存在も、尊重されるのです。

日本企業は株主を意識してこなかった

一方、日本はどうでしょうか。

日本では、株主の存在が米国よりも重視されていないのではないかと感じられる場面があるのは確かです。なぜでしょうか。いろいろ思いを巡らせると、これはやはり**敗戦に大きな原因があるのではないか**、という結論に達します。

明治時代、渋沢栄一氏などが活躍していたころ、日本の経済はいまよりもはるかに資本主義的だったのだと思います。ところが、敗戦によって日本の国土は焦土と化し、経済はボロボロになりました。GHQからの命令で、財閥も解体されました。日本経済は終戦直後、ゼロからのスタートを覚悟しなければなりませんでした。

しかし、そこから日本経済の大躍進が始まったのも事実です。日本経済は見事、高度経済成長の軌道に乗り、終戦後に国が背負っていた戦争賠償および戦後補償は、全額が完済されました。敗戦後に戦争賠償や戦後補償を全額返済した国というのは、日本が唯一です。

そこまで経済が発展した理由は、戦後復興に必要な産業、インフラに重点投資をするという経済政策が行われたからです。「財政投融資」などは、まさにその代表的な政策といえるでしょう。

財政投融資というのは、郵便貯金や年金などを通じて国民から集めた資金を、国の重要なインフラを構築するために、集中的に投融資するという制度です。この制度があったからこそ、日本経済は焦土のなかから、見事に立ち直ることができたのです。

しかし、このような**国家資本主義的な投資活動が戦後、長年にわたって続けられたことによって、本来、資本主義の中核であるはずの企業株主の意識は、逆に弱体化した**ともいえるでしょう。企業からすれば、株主の側よりも、財政投融資資金を配分してくれる特殊法人の顔色をうかがっていれば、相応の仕事を受注することができましたし、何よりも日本の株主構成は、個人よりもはるかに法人株主のほうが多かったのです。

法人株主が多かったのは、「株式持ち合い」によるものです。株式持ち合いとは、たとえばA社がB社の株式を保有する一方、B社もA社の株式を保有することで、お互いにとっての大株主になるということです。もともと、外資から容易に買収されないように考えて行われたものですが、反面、個人株主の立場は大きく後退しました。

何しろ、「お互い様」という考え方で株式を持ち合っているわけですから、たとえば株主総会で手厳しい質問なども出てくるはずがありません。お互いに「まあまあ」ということになるわけです。

そうなると、株価を意識した経営とは離れたものになってしまう傾向に陥りやすくなってしまいます。

こうして戦後、長いこと**日本の企業は株主の存在を意識することなく、企業経営を続けてきました**。これでは米国企業に比べて、株主価値を重視した経営を行う意識が希薄化するのも納得せざるを得ません。

投資をするなら、やはり株主のことをきちんと考えてくれる企業に投資したいものです。こうした理由からも、米国企業への投資に視野を広げてみるのもよいかもしれません。

結局、世界のお金は米国を目指す

冒頭のプロローグでも触れましたが、さまざまな投資対象国・地域があっても、結局のところ投資マネーというものは、米国を目指すことになると思います。

自立した経済運営ができない日本。一人っ子政策の弊害がみえてきた中国。先進国経済の域に達するにはまだ時間を要するインド。

これらに加え、欧州経済もさまざまな問題を抱えています。２００９年に発覚したギリシャの国家財政の粉飾決算を引き金にして広がった「欧州債務危機」は一段落したものの、２０１６年６月23日に行われたイギリスの国民投票で、イギリスのＥＵ離脱が決定。２０２０年１月31日にイギリスは正式にＥＵを離脱しました。これによるイギリス、およびＥＵ加盟各国にどのような影響が生じるのかは、まだみえてきません。

こう考えると、**世界中の投資マネーは結局、米国に流れていく**と考えられます。

前述したように、米国の株式市場は過去２００年の歴史のなかで、長期的にみると最高値を更新し続けてきたという事実があります。実際、この間に米国の株式市場を通じて、**投資家に支払われた配当金やキャピタルゲインは、莫大な金額になる**でしょう。また、米国は、資産の安全性が非常に高い国であるという点でも、世界の投資家を惹きつけます。

といっても、一部のタックスヘイブンのように、口座の秘匿性が高く、いわゆる脱税資金を吸い寄せる温床になっているという意味ではありません。むしろ米国は、こうした脱税資金を厳しく追及している国ですから、財産の秘匿性を保持するために米国の株式に投資しても、まったく何の意味もありません。

そうではなく、米国はたとえどれだけ反米意識の強い人であったとしても、その人の金融資産をしっかり保全してくれるという伝統があるのです（唯一の例外はテロリストの資金です）。したがって、米国の金融制度は、資産の安全性を維持したいという人には、非常に適しているといえるでしょう。

だから、中国や中東の人のように、政治的には米国と年中いがみ合っている人たちでも、むしろ積極的に自分が持っている資産の一部を、米国の銀行口座などに分散させているのです。

これらの事実に加え、**今後さらに米国経済は強くなっていくという見通しが明確になりつつあるからこそ、米国に世界中の投資資金が向かっているのです。**

よくG7といって、米国をはじめ、日本、イギリス、フランス、イタリア、ドイツ、カナダの先進国を総称しますが、こと経済と投資の観点からすれば、G7ではなくG1といってもよいでしょう。その「1」とは、むろん米国のことです。

米国株はネット証券で簡単に売買できる

かつて米国株式をはじめとする外国株式への直接投資は、かなり高いハードルを越える必要がありました。

いまではリアルタイムで取引できる米国株式ですが、かつては日本の取引時間中に投資家が売買注文を証券会社に出すと、その注文を受けた証券会社は、現地時間で深夜の米国にその注文を出し、現地の取引所が開いたときに注文を成立させてもらうという流れでした。したがって自分が注文を出してから売買の成立がわかるまで、まる１日も時間がかかったのです。

それがいまでは、ネット証券を通じて日本株を売買するのと同じ感覚で、**米国のマーケットが開いている時間帯に、自由に米国株を取引できるようになりました。**まさにテクノロジーの進化の賜物といっても良いでしょう。

現状、日本国から投資家が米国株式に投資する方法は、ネット証券会社を通じて直接、米国の株式を売買する方法と、米国株式を組み入れて運用する投資信託を買う方法が主流です。

以前は東京証券取引所の外国部に上場されている米国企業の株式に投資するという方法もあったのですが、２０２１年6月時点において、東証外国部に上場されている銘柄は5銘柄で、このうち米国企業の株式はメディシノバ・インクと、テックポイント・インクの2銘柄だけになってしまいました。

２０１３年時点では7銘柄が上場されていたのですが、上場を取りやめる米国企業がふえて、現在のような状況になっています。それだけ、日本の株式市場のプレゼンスが落ちたということです。日本の証券業界に身を置く者としては、いささか寂しい気もするのですが、もはや東証外国部に頼らなくても、個人が直接、米国の株式市場にアクセスできる環境が整ったわけですから、致し方ないことだとも思います。

また個別銘柄への投資という点では、米国企業の日本法人で、東証に株式を上場しているところに投資するという手もあります。「日本オラクル」「日本マクドナルド」が代表的ですが、日本法人である以上、米国企業そのものではありません。日本企業の株式に投資しているのと変わりませんし、米国の株式市場に上場されている企業の株式に投資するのとは別物と考えたほうが良いでしょう。

このように考えると、現時点で米国株式に投資する方法としては、**現地の株式市場に**

直接、注文を出すか、国内で設定・運用されている投資信託、あるいはＥＴＦに投資するのが、最も簡単に米国株式に投資する方法になります。

コア・サテライト戦略でバランスよく投資しよう

投資信託とは、大勢の個人からお金を集めてファンドを組み、株式や債券に投資する仕組みのことです。日本国内の株式や債券、外国の株式や債券などに投資する投資信託が、いまの日本では６０００本弱も運用されているのですが、このうち米国の株式を組み入れて運用されている投資信託は、２０２１年4月現在で２００本ほどあります。

投資信託の良い点は、少額資金でたくさんの銘柄を組み入れたパッケージで投資できることです。たとえば１銘柄に集中投資したものの、その会社が倒産してしまったら、その時点で株式はただの紙切れになるリスクが高くなります。

でも、投資信託には数十銘柄、あるいは１００銘柄くらいの株式を組み入れて運用していますから、その中で１、２銘柄が倒産したとしても、投資しているお金が全額失われるようなことにはなりません。リスクを分散させ、安定的に資産を成長させていくのに、投資信託は非常に適しています。

ただ、**夢を追うのであれば、やはり個別株式**でしょう。

投資信託の場合、さまざまな銘柄に分散しているため、特定の米国企業が物凄い成長を実現したとしても、ファンドの運用成績に反映されるのは、ほんの僅かになってしまいます。だからこそ安定しているわけですが、**米国経済の成長を思いっきり取りに行きたいという人は、個別銘柄に投資することをお勧めします。**

また、投資信託にもデメリットがあります。それは、運用資産の残高があまりにも小さくなると、途中で償還されてしまう恐れがあるのです。２０２１年４月時点で運用されている約２００本の米国株式ファンドのうち、純資産総額が50億円を超えている投資信託の本数は90本です。

一般的に投資信託の受益権口数が30億口を割り込むと、繰上償還されやすくなります。1口＝1円として、30億口だと30億円になりますから、純資産総額が30億円を下回っているファンドは論外です。多少の余裕を見て、50億円以上の純資産総額を持つファンドを選ぶのが無難ですが、その本数は前述したように90本しかありません。ひとまずはこの90本が、投資信託で米国株式に投資する場合の候補になります。

ここで提案したいのが、**投資信託と個別銘柄の組み合わせによる投資法**です。よく

「コア・サテライト戦略」などといわれますが、比較的安定した資産をコアに据えるのと同時に、サテライト部分でリスクを取りながらリターンを追求していく投資戦略です。このコア部分に投資信託を据えるのと同時に、サテライト部分で個別銘柄投資を行います。

またコア部分には、この90本の投資信託でも良いですし、最近は東京証券取引所に上場されているＥＴＦで、米国の有名な株価インデックスに連動するタイプがあります。現在、東証上場ＥＴＦでは「ニューヨーク・ダウ」と「Ｓ＆Ｐ５００」、「ナスダック１００」という、米国で最もメジャーな株価インデックスに連動することを目標としたＥＴＦが運用されており、誰でも自由に売買できます。

米国マクドナルドの株価は20年で7倍に！

マクドナルドはもともと米国の企業です。そのマクドナルドに目を付けた藤田商店の社長だった藤田田氏が、米国のマクドナルド本社からフランチャイズ権を取得して設立したのが日本マクドナルドです。

図1-2 日米の「マクドナルド」株価指数

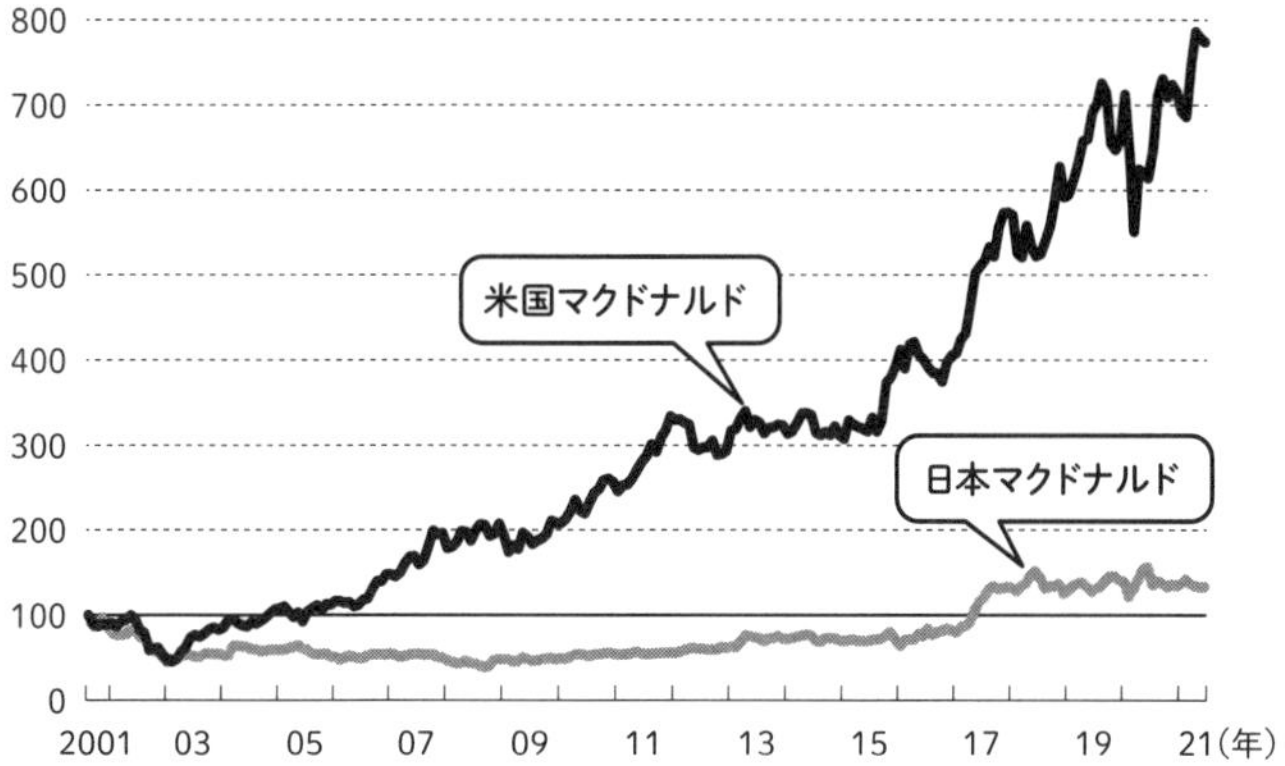

(注) 2001年8月1日=100とする

第一号店が銀座三越店内にオープンしたのが1971年のことですから、2021年でちょうど50周年を迎えました。日本マクドナルドは米国マクドナルドと藤田商店の折半出資によって立ち上げられた会社で、ハンバーガーなど商品の製造、販売に関する技術などの提供については米国マクドナルドが提供するものの、会社のマネジメントは藤田商店が行い、かつ社長以下全社員を日本人にするという条件でスタートした日本マクドナルドは、ほぼ純粋な日本企業といっても良いでしょう。

同じ「マクドナルド」のブランドを持つ米国マクドナルドと日本マクドナルドでは、株価にどのような違いがあるのかを比較してみました（図1－2）。

日本マクドナルドが当時のジャスダック市場に株式を上場したのが2001年7月のことなので、ここからの株価を追ってみます。ちなみに両国の株価とも配当は加味していません。

まず日本マクドナルドですが、上場直後の2001年8月1日時点の株価は3720円で、2021年6月1日時点が4900円ですから、約32％の上昇です。20年という期間を考えると、案外、投資成果としては大したことがありません。

では米国のマクドナルドはどうでしょうか。2001年8月1日時点の株価は30・03ドルです。これが2021年6月1日時点では232・42ドルになりました。この20年間で実に株価は7倍以上になっています。

ちなみに2001年8月1日のドル円レートは1ドル＝125円で、2021年6月1日が1ドル＝109円41銭ですから、若干の為替差損が生じているものの、株価が7倍以上になれば、この程度の為替差損を補って余りあるリターンが得られます。つまり2001年当時、**日本マクドナルドの上場を見て同社の株式に投資するくらいなら、米国のマクドナルドに投資したほうが、はるかに高いリターンが得られた**ことになるのです。

なぜこれだけの差が生じているのでしょうか。

一番大きな理由は、**メインマーケットの将来性**です。

米国マクドナルドは米国がメインマーケットです。本書でもすでに触れていますが、米国はこれからまだまだ人口が伸びていく国です。人口がふえれば消費もふえていきますから、売上増、利益増につながります。かつ、米国マクドナルドは世界中に現地パートナーとの合弁事業などを展開することによって海外進出を行っています。

これに対して、日本マクドナルドの拠点は日本国内の直営店とフランチャイズ店舗の展開に限定されます。

つまり、米国マクドナルドはまだまだ人口がふえていく米国内で業務を拡大させていくだけでなく、海外に進出することでグローバルに売上を確保できますが、日本マクドナルドは日本国内のみにマーケットが限定されるので、将来的に日本の人口が減少することを考えると、将来性はいささか厳しいと考えられます。この違いはどうしようもないでしょう。

もうひとつ、米国マクドナルドの強みは**新興国の人口増加**にあります。将来的に米国以外の先進国では人口が尻すぼみになっていくので、マーケットの拡大は新興国に期待されます。

とはいえ、新興国は先進国に比べて国民1人あたりの所得水準が低いため、マクドナルドは贅沢品です。したがって、最初にマクドナルドで食事をするのは、そこそこ裕福な人たちに限られるのですが、徐々に新興国経済が成長して、国民1人あたりの所得水準も向上すれば、より多くの人たちがマクドナルドで食事するようになります。

同じことはコカ・コーラにもあてはまります。コカ・コーラだって新興国の人たちにとっては贅沢品です。プレミアム・ブランドなのです。それが、徐々に生活水準が上がり、中間層がふえることによって、多くの人が日常的にコカ・コーラを飲めるようになります。それと同じことが、マクドナルドにも起こる可能性があるのです。

このように考えると、米国マクドナルドの株価が、日本マクドナルドの株価を大きく上回って値上がりするのは、当然のことと考えられます。そして**この傾向は、日本の人口減少が本格化する一方、米国ならびに世界人口の増加が加速するなかで、より一層顕著なものになっていく**はずです。

第2章

松本大流「投資の極意」

トレーダーこそが自分の原点である

私は、自分自身のキャリアを、巨額のリスクをとって投資を行う投資銀行からスタートさせました。いまはもうないのですが、ソロモン・ブラザーズという米国の投資銀行です。入社した当時は、キング・オブ・ウォールストリートと呼ばれており、それこそキラ星のような人たちが大勢いました。

最初に配属されたのは債券部です。債券部というのは、おもに米国国債の売買を仲介している部門です。簡単にいえば「債券マーケットで上手に米国国債などを売ったり買ったりして利益を上げていく」というのが、債券部に所属する部員に課せられたミッションです。

このように、特定の資産を売ったり買ったりして利益を上げることを**トレーディング**といいます。

もちろん、最初からトレーディングを任されるわけではありません。当初は、お客様からきた注文を、淡々と市場につなぐという仕事をさせられます。具体的には、米国国債をほしいと思っているお客様がいたら、債券市場から米国国債を買ってきて、それをお客様に売って差し上げる。このとき、自分が債券市場から買ってきた値段よりも高くお客様に売れれば、その差額が利益になるという寸法です。

このように、お客様の注文を債券市場につなぐブローキング業務をメインに行っていました。そこでは１００億円単位のお金が動いていましたが、基本的にお客様の注文を市場につなぐだけなので、銀行としてはそれほど大きなリスクをとるわけではありません。

そのようなブローキング業務にある程度、慣れてくると、いよいよトレーディング業務を任されることになります。トレーディング業務では、銀行の自己資金運用がメインになります。つまり、ソロモン・ブラザーズの自己資金で、債券の売り買いを行って利益を上げるという仕事です。

これは、ブローキング業務に比べて格段のリスクがあります。何しろ、自分の判断で債券の売買を行い、マーケットで利益を上げていくわけですから、自分で売り手、買い手を見つけていく必要があります。

債券市場では、さまざまな債券が、その時々の値段をつけて売り買いされています。株式と同じように、高値を掴まされたあと、債券価格が大きく値下がりして、大損を被ってしまうケースも、当然のことながら起こり得ます。そのなかで、**いかに損失を最小限に抑えて、一定の利益を上げ続けるかということが、債券市場のトレーダーの仕事です。まさにトレーダーという仕事が、私のキャリアの原点なのです。**

その後、ゴールドマン・サックスという、同じく米国の投資銀行に移籍。パートナーと呼ばれる経営陣に加わったあと、そこを退職してマネックス証券を立ち上げました。

考えてみれば、もう30年以上も経営者の立場で仕事をしているわけですが、やはり私はトレーダーの血が最も濃いのだと思います。

将来、自分のキャリアを閉じるときには、ひとりのトレーダーでいたいというのが、いまの願いです。できれば、マネックス証券を辞めて、マネックス証券に口座をつくり、1日中トレードをして過ごしたいと考えています。

そのくらいトレーディングが好きなのですが、損失ばかりを食らっていたら、それはたんなる下手の横好きであって、大事な資産を食いつぶす一方になります。やはり、マーケットに参加するからには、勝たなければなりません。

そのためにはどうすればよいのか。

ソロモン・ブラザーズの債券部でトレーディングを始めたころ、先輩社員からＯＪＴ

方式で、さまざまなことを叩きこまれました。そのとき、何を教わったのかということを、ちょっとだけお教えしましょう。

投資の極意①　マーケット感覚を磨く

リスク資産の「リスク」について、多くの人は「元本を割り込むリスク」をまず頭に思い浮かべられると思います。

それは決して間違いではありません。しかし、厳密にリスクの意味について問うならば、**「不確実性」**という言葉がいちばんぴったりくるでしょう。そのなかには当然、価格の不確実性も含まれます。将来、値上がりするかもしれないけれども、値下がりする恐れもあるというのは、まさに価格の不確実性です。

あるいは、信用力の不確実性もあるでしょう。貸したお金が将来、金利付きでしっかり返済されるかもしれないけれども、返済されないまま夜逃げされてしまうかもしれないリスクのことです。

このように考えていくと、資産運用のリスクというのは、実にさまざまな種類があることに気づきます。こうしたさまざまなリスクのなかで、**多くの人が心配するのは、まさに価格の不確実性**です。またそれがあるがゆえに、多くの人は資産運用に足を踏み入れられないでいるのかもしれません。

ですからまずは、**「価格の不確実性への不安をいかに克服するか」**という話から始めましょう。

投資銀行というところは、非常に大きなリスクをとって、大きなリターンを追求していくような仕事をします。

しかし、だからといって、まったくの新人にいきなり億円単位のお金を渡し、「さあ、これで好きに売買してみろ」などというような、無謀なリスクをとるようなことはしません。これは個人の資産運用にも当てはまることですが、「カリキュレーション・リスク」といって、ちゃんと計算できる範囲内でリスクをとることが肝心なのです。

リスクを熟知している投資銀行が、海のものとも山のものともわからない新人に、大事な自己資金を与えて運用させるなどというギャンブルをするはずがありません。

当然、トレーダーとしての仕事をする前に、一定の研修期間が設けられます。

この期間に何を研修するのかというと、ここが非常に大事なのですが、ただひたすら

「スプレッド・シート」を書かされるのです。

まず大学ノートを1冊用意します。

次は、そのノートを開いて、縦線を入れていきます。すでにノートには横線が引かれているので、そこに自分で縦線を入れることによって、小さなマス目がたくさんできます。

縦軸には銘柄、横軸には日付をとっていきます。銘柄のところには、たとえば「NYダウ」「S&P500」「米10年国債利回り」「ドル／円」「ユーロ／ドル」「WTI（原油価格）」というように、マーケットで取引されているモノを入れておきます。そして、横軸には日付を書き足していきます。

あとは簡単。毎日、その日の場が終了したら、各銘柄の終値を鉛筆で書いていくだけです。また、その終値の下に前日比の数字も書き込んでいくということを日々繰り返します（図2-1）。

「たったのそれだけ？」と思う方もいらっしゃるでしょう。

しかし、これをひたすら繰り返していくと、マーケットで生き延びていくための勘のようなものが、非常に発達していきます。

図 2-1　ノートにこんなメモを毎日つけてみる

	2021/7/12	2021/7/13	2021/7/14	2021/7/15	2021/7/16
NYダウ	34996.18 / +0.36%	34888.79 / −0.31%	34933.23 / +0.13%	34987.02 / +0.15%	34687.85 / −0.86%
S&P500	4,384.63 / +0.35%	4,369.21 / −0.35%	4,374.30 / +0.12%	4,360.03 / −0.33%	4,327.16 / −0.75%
米10年国債利回り	1.368 / +0.36%	1.418 / +3.69%	1.349 / −4.87%	1.301 / −3.60%	1.300 / 0.00%
ドル／円	110.35 / +0.19%	110.61 / +0.24%	109.99 / −0.56%	109.86 / −0.12%	110.08 / +0.20%
ユーロ／ドル	1.1859 / −0.12%	1.1774 / −0.72%	1.1835 / +0.52%	1.1812 / −0.19%	1.1805 / −0.06%
WTI	74.10 / −0.62%	75.25 / +1.55%	73.13 / −2.82%	71.65 / −2.02%	71.81 / +0.22%

	2021/7/17	2021/7/18	2021/7/19	2021/7/20	2021/7/21
NYダウ			33963.29 / −2.09%	34511.86 / +1.62%	34797.74 / +0.83%
S&P500			4,258.63 / −1.58%	4,323.21 / +1.52%	4,358.69 / +0.82%
米10年国債利回り		1.269 / −2.44%	1.199 / −5.51%	1.222 / +1.93%	1.292 / +5.72%
ドル／円			109.44 / −0.58%	109.84 / +0.37%	110.27 / +0.39%
ユーロ／ドル			1.1798 / −0.06%	1.1779 / −0.16%	1.1792 / +0.11%
WTI			66.42 / −7.51%	67.42 / +1.51%	70.30 / +4.27%

何しろ毎日、その数字をみていくわけですから、何かちょっとした数字の変化があると、すぐに気付くようになります。ある日、いきなり原油の値段がポンと跳ね上がったら、そこには必ず理由があります。こうした値動きの変化を敏感に察知できるようになったら、あとはその理由が何かを考えるクセを身につけていきます。

それを毎日繰り返していくと、**誰でも見違えるようにマーケットのセンスが研ぎ澄まされていき、「価格の不確実性」への対応力がつく**のです。

「価格の不確実性への不安を克服する方法」をまとめてみると、

- **毎日、各銘柄の終値と前日比をノートに記していく**
- **値動きの「変化」に気付いたら、その理由を考えるようにする**

というだけのことなのです。簡単なことですが、これを日々、確実に実行していくことが大切です。

投資の極意②

バーチャルトレーディングを繰り返す

次は「株式投資のセンスを磨く」方法をご紹介します。それは、自分で**バーチャルなトレーディングを行ってみる**ことです。

「株式投資のセンスを磨く」ためのバーチャルなトレーディングのやり方は、

①これから1か月後までに想定される経済環境の変化を考える（それを考える際に、マーケット全体をフォローしたスプレッド・シートを参考にする）
②想定した経済環境の変化のなかで、自分自身が注目する銘柄をいくつか挙げていく
③1週間に一度くらいのペースでそれらの銘柄の株価をチェックしていく
④1か月が経過した時点で、自分が想定した経済環境の変化と、それをベースにして選んだ銘柄の株価がどうなったのかを振り返り、なぜそうなったのかという原因も一緒に考える

というものです。

そして、これを半年程度繰り返してみてください。まず間違いなく、株式投資のセンスが磨かれ、株式投資のスキルは格段に上がっているはずです。

投資の極意③
謙虚に努力する

私はいままで、さまざまなトレーダーをみてきました。成功したトレーダー、マーケットからの退場を余儀なくされたトレーダー。まさに悲喜こもごも……。

そのなかで、**成功しないトレーダーに共通する傾向は、「自分が損をしたときに、マーケットのせいにする」ということ**です。

よくいるでしょう。「俺が間違っているんじゃない。マーケットが間違っているんだ」と言う人。案外、こういう人がトレーダーには大勢います。

しかし、それを言ってはおしまいです。マーケットは、非常に大勢の市場参加者が集まり、その人たちによる、一種の多数決で価格が形成されています。マーケットが間違っていると考える人は、極端な言い方をすれば、民主主義の世界において独裁政権の素晴らしさを吹聴しているようなものです。そのようなことが許されるはずもありません。**「マーケットは常に正しい」**ということを、トレーダーは常に受け入れる必要があります。

それは**「常に謙虚たれ」**ということでもあります。実際、優秀なトレーダーというのは謙虚です。

謙虚な人は努力をします。ここがポイントです。

トレーダーというのは、傍からみると、何やらその時々のひらめきや勘で、売ったり買ったりを繰り返しているようにみえますが、それだけでは決して生き延びることはできません。

料理は下ごしらえが大事だといいますが、それと同じで、**成功しているトレーダーほど、実際にトレードする前の下準備を一所懸命にしています。**自分がいま持っているポジションを精査し、マーケット内外のさまざまな情報を集め、それを分析したうえで、何を売って何を買うのかという戦略を練るのです。

このように、**売買の判断を下すための準備に時間を費やすほど、トレードで成功する確率が高まります。**

たとえば野球の大打者を考えてみてください。2021年7月、ロサンゼルス・エンゼルスの大谷翔平選手がＭＬＢのオールスターゲームに、メジャーリーグ史上初の二刀流選手として出場しました。彼は投球練習だけでなく、何十万回、何百万回の素振りを繰り返しているはずです。そうやって日頃からの準備を積み重ねているからこそ、バッターボックスに入ってストライクボールがきたとき、鮮やかにホームランを放つことができるのです。決して、ひらめきや勘だけでバットを振っているわけではないはずです。

人間は、持っている機能を常に使っていないと、徐々に劣化していくといわれます。筋肉もそうですし、頭脳も同じです。常に情報を収集し、何か新しい投資のアイデアはないか、繰り返し考える。こうして頭脳を使うことによって、徐々に頭脳の性能が上がっていくのです。

とにかく、何をするにも**まずは量をこなす**こと。

「量は質に転化する」などといわれますが、まさにそのとおりだと思います。日頃から投資のアイデアを真剣に考える。そして実際にマーケットで、そのアイデアが通用するかどうかを試してみる。その繰り返しが、トレードを成功に導くのです。

これだけの努力ができる人は、まず間違いなく謙虚です。それとともに、強い好奇心も持ち合わせています。結局、好奇心があるからこそ、トレードに必要な下準備などの地味な作業も、コツコツと続けていくことができるのです。

投資の極意④

運を味方につける

トレードには運も必要です。運がよい人であることに越したことはありません。

「運がよい人になれるかどうかなんてわからない」と思っている方が大半だと思います。そういう人は、運はあくまでも偶然性の高いものと考えているのではないでしょうか。

しかし、**その考え方は間違っている**と私は思います。

「運がよい」というと、こんなシチュエーションが頭に浮かんできます。

個別株式5銘柄に分散投資していました。マーケットは大波乱で、ほとんど全面安状態。保有している5銘柄も全部損失状態です。そんな状態のとき、さらに悪い知らせが入ってきました。親が病気にかかり、急に入院費が必要になったのです。それを賄うためには、自分がいま、保有している銘柄を売却しなければなりません。ところが、前述したように5銘柄とも含み損が出ています。万事休す……。

そんなとき、保有している銘柄のひとつに、大きく買われる材料が出てきました。結果、この銘柄の株価上昇だけで、他の銘柄で抱えていた含み損をすべて補い、かつ売却益が出るところまで上昇したのです。本当にラッキーでした。

そんなふうに考えるのだと思いますが、これを本当にラッキーだと思う人は、いつまでたっても投資の運はついてこないと思います。

もちろん、持っていた銘柄の株価が、ひょんなことで10倍、20倍にまで跳ね上がることはありえます。しかし、やみくもに買った銘柄で、そのようなことが起こる可能性は、ほとんどないといってもよいでしょう。最初の銘柄選びの段階で、しっかり企業を調べるなど下準備をしたからこそ、株価が10倍、20倍に値上がりする銘柄を持つことができたのだと思います。

運は偶然性のものではなく、多分に必然性が高いものなのです。

では、運を維持していくためにはどうすればよいのでしょうか。

私の友人の体験を元に、ちょっとした事例を紹介しておきましょう。

米国の大学に通っている彼は、このあいだ、少しだけ日本に帰ってきていました。そして、再び大学に戻っていったのですが、飛行機を降りて自分のスーツケースが出てくるのを待っていたところ、いつまで経っても出てこなかったそうです。他の空港に行ってしまったのですね。

仕方がなく、彼は空港に停めておいた自分の車に乗り、大学の寮に戻ろうとしたところ、片方のライトが壊れていて、点灯しませんでした。それでも車に乗って走り出したら、案の定、警察に呼び止められました。

「運転免許証とビザを見せなさい」と警官。

「ビザ、ビザ、ビザ?」と彼。

そう、彼は事もあろうに学生ビザを、他の空港に飛んでいったスーツケースのなかに入れてしまっていたのです。もし学生ビザがあれば、自分の身元も照会され、事はそれほど大きくならずに済んだのでしょうが、学生ビザがなかったばかりに、自分の身元証明などに時間がかかり、とんでもなく大変な状況になってしまいました。

話し終えると、彼は、「運が悪かったんだよね……」とつぶやいたのですが、私は「そうではない」と言ってやりました。

「それは運が悪いのではなく、**リスクマネジメントができていないだけ**の話じゃないの？」と。そもそも学生ビザを、機内に持ち込める手荷物のなかに仕舞わず、スーツケースのなかに入れておくということ自体、リスクマネジメントができていません。

そうなのです。**運というものは、リスクマネジメントがしっかりできていないと、逃げていく**類のものなのです。したがって、運を維持したいのであれば、まずリスクマネジメントをしっかり行うことを忘れないようにしてください。

次に、**運の悪い人とは付き合わない**こと。ジョージ・ソロスのような巨大投資家は、ほんの10〜20人程度のコミュニティを持っており、そのなかで情報交換などを行っているという事実があります。

このコミュニティに入れる資格はただひとつ。運がよい人間であることだそうです。逆に、コミュニティに入っていても、運が落ちた人間は、そこからの退去を余儀なくされます。**運がよい人間は、やはり同じように運のよい人間としか付き合わない**ものなのです。

そして最後に、前出の大谷選手の例ではありませんが、いつ絶好球がきてもよいように、普段からしっかりと練習しておくこと。これはビジネスや投資も同じことで、**絶好のチャンスにしっかり乗れるようにするためには、日頃からの鍛錬がモノをいいます。**

- **リスクマネジメントをきちんとする**
- **運のよい人間と付き合う**
- **日頃から自分自身の鍛錬も忘れない**

これを実践していれば運を維持し、かつコントロールできるようになるはずです。そして、それは投資をしていくうえで、絶対に必要な条件のひとつでもあるのです。

投資の極意⑤
得意分野で勝負する

とくに株式投資をする場合、できるだけ自分の得意分野で勝負するようにしたほうがよいでしょう。

前述したように、私は債券マーケットでトレードの世界にデビューしました。

債券マーケット、とくに米国国債のマーケットは日々、莫大な金額の取引が行われています。顧客からの注文をマーケットにつなぐという、ルーキー時代の仕事でも、１回のトレーディングで１００億円単位のお金が動いていました。ものすごい金額の売り買いが行われているため、持っているポジションを急に売らなければならないという状況に直面しても、簡単に現金化できます。それも、売りたいと思ったとき、マーケットには非常に多くの買い手がいるため、自分の売りで値段を大きく崩してしまうというリスクもありません。ある意味、非常に安定したマーケットなのです。

そして、肝心の値動きですが、債券マーケットというのは、景気に対して素直に反応します。つまり、今後景気がよくなる可能性が高まれば、債券価格は値下がりしますし、景気が悪くなる兆しが浮上してくれば、債券価格は値上がりします。明らかに景気が回復しているのに、債券価格がどんどん上昇していくようなことはありません。

ですから、債券のトレーディングに従事しているときは、もっぱら「今後の景気がどうなるのか」という情報を、できるだけたくさん仕入れるようにしていました。

たとえば、タクシーに乗ったときなどはチャンスです。運転手に最近の客足はどうなのかとか、乗ったお客さんで何か景気のよい（あるいは悪い）話をしていたりしなかったか、といったことを質問していくのです。

もちろん、新聞や雑誌、レポートなど活字の類も読みますが、同時に現場での景況感も重視していました。いまでいう「景気ウォッチャー調査」を先取りしていた感じです。

こういう債券市場の特性が私と**相性がよかったため、債券のトレーディングは得意分野といえるものになりました。**

ところが、株式投資になると、債券とはかなり状況が違ってきます。まず市場の規模感ですが、株式市場で日々行われている取引は、債券市場の比ではないくらい少ないのが現実です。しかも、日本には3800社以上の上場企業が株式市場で取引されていますから、銘柄によってはほとんど終日取引が行われていないケースもあります。

このような銘柄を売ったり買ったりすると、自分の売買注文で値段が動いてしまうケースがあります。

また、株価は景気に対して忠実に動かないことがあります。理屈で考えると、景気がよくなれば企業業績もよくなるので、株価は値上がりするはずですが、ここに個別銘柄独自の材料などが絡んでくるので、景気とは逆の方向に動くケースがあります。

そうなると、自分の持っている情報がファーストハンド（一次情報）のものなのか、それともセカンドハンド（二次情報）のものなのかによって、状況は大きく変わってきます。ファーストハンドの情報を持っている人たちが買っていたら、すでにその銘柄の株価は値上がりしていることになるため、そこからの上昇余地は限られてしまいます。

したがって株式投資の場合は、自分が持っている情報やアイデアが、その他大勢の人が獲得したものよりも早いかどうかが、勝負の分かれ目になってきます。

こうしてみてくると、株式市場というのは債券市場とはだいぶ異なる特性を持っていることがわかります。

しかも、株式市場というのは、日本でも米国でも、非常に多数の銘柄が上場されています。その一つひとつに対して、誰よりも鮮度の高い情報を入手することなど不可能です。

ですから、**株式に投資する際の情報収集は、自分の得意分野を定め、そこに集中して勝負することをお勧めします。**それはセクターでもよいし、個別企業でもよいでしょう。ゲームが好きなひとは、ゲーム業界、あるいはその個別企業の情報に精通していますし、まったく関心のない業界に比べれば、情報を仕入れようとする好奇心も保てます。結果的に、それが株式投資にとっては、プラスに働くケースが多いのです。

米国企業の業種は非常に多岐にわたっていますから、自分が興味を持てるジャンルの企業は、必ず見つかります。まずはそういう視点で、米国企業選びをしてみるのも、一興ではないでしょうか。

投資の極意⑥

わからなくなったら降りる

次の投資の極意は、出口戦略についてです。これは本当に大事なことなので、しっかり頭に入れておいてください。

買った銘柄は売らなければ利益になりません。個人投資家のあいだでよくみられるのが、まだ利益確定させていないのに、儲かった気になっているケースです。

たとえば１００万円を投じて買った銘柄が３００万円になりました。まだ売却していません。たしかに、２００万円分の値上がりはしていますが、これはまだ未実現の利益です。これを「含み益」といいます。

多くの個人投資家は、含み益の段階で何やら自分が大きく儲けた気分になるものですが、売却して利益を確定させなければ、本当の意味で利益が得られたとはいえません。**含み益が消し飛ぶのは、あっという間**なのです。

実際、１９８０年代の後半に起こったバブル相場では、誰もが日本株はまだ上がると信じており、時代が90年代に移ったときも、そのまま保有し続けている人が大勢いました。その結果どうなったのか。皆、株価の暴落によって、含み益が消し飛んだだけでなく、自分の買値をも割り込む値下がりに見舞われ、大損した人が多数出たのです。

株式市場は、本格的な暴落相場が始まると、売るに売れない状況に追い込まれる場合があります。その結果、株価は買い手がいないままどんどん値下がりし、最悪のシナリオとしてはマーケットから強制退場させられてしまうことも考えられます。

とはいえ、利益確定ほどむずかしいものはありません。相場は「欲望と恐怖のゲーム」といわれるように、値上がりして自分の含み益がどんどん膨らんでいくと、さらに欲望が出てきて、「もっと値上がりするはず」と考えるようになります。その結果、利益確定のタイミングを誤ることになります。

このような事態に直面しないようにするためには、**投資する際に、自分なりの理屈をきちんと持つようにすること**です。なぜ、その銘柄を選んだのかということをしっかり固めてから、投資をするべきなのです。

そして、**自分が考えた理屈に合わない水準にまで株価が上昇した場合には、できるだけ早めに売却し、利益を確定させる**ようにします。相場の渦中にいると、つい熱気に巻き込まれてしまいがちですが、それが失敗の元なのです。私がいままでみてきた数多くのトレーダーのなかで、優れている人というのは、「自分の理解を超えたときに、相場から降りる」というタイミングが絶妙でした。

これから米国株式に投資してみようと考えている皆さんには、とにかく**「わからなくなったら降りる」**ということを、伝えておきたいと思います。

投資の極意⑦

情報収集にＳＮＳを活用する

本章の最後に、米国株投資に必要な情報の集め方について簡単に触れておきましょう。

弊社でも米国株式の投資情報はかなり充実させていますが、それについては後ほど詳しく説明するとして、私が結構、頻繁に使っているメディアを紹介しておきましょう。

皆さんにとってもかなり身近なメディアです。

冒頭でも触れました、この本のファーストバージョンを出したのが２０１３年でした。この当時、じつはまだ個人投資家の間に米国株投資はそれほど広まっておらず、マネックス証券でも１日で行われる取引の数は、恐らく１００件前後だったと思います。

それがいまでは、マネックス証券で行われている取引の２割は米国株投資です。隔世の感がありますね。それだけこの8年ほどで、米国株式投資に対する認識が、個人投資家の間で広まったということです。

なぜ、それだけ広まったのかということですが、恐らく私たち証券会社が米国株式投資の魅力を一所懸命に伝えたからというよりも、**ＳＮＳを介して自然発生的に広まった**というのが、正直なところだと思っています。

とくに**Twitter**ですね。ご承知のように、短い文章でリアルタイムに情報を伝えることができるメディアです。

「何となく最近、米国株式投資という言葉を頻繁に聞くようになったな」などと思った個人投資家が、米国株式に関連したつぶやきをチェックしているなかで、「なんだか米国株式投資って結構いいんじゃないの」ということに気付いたのではないかと思うのです。

これは日本に限ったことではなくて、米国でも同じ現象がみられます。

２０２１年１月、米国でゲームストップという会社の株式を巡ってちょっとした騒動が起きました。ゲームストップとは、米国のテキサスに本社を置いているゲームソフト会社です。この株式を巡り、個人投資家とヘッジファンドの間で熾烈な戦いが繰り広げられたのです。

この騒動の大本は、「Reddit」というSNSでした。ここに「ゲームストップの株式を買い上げるとおもしろいことになる」という情報が投稿されたのです。このとき、一方ではヘッジファンドなどの機関投資家が、ゲームストップ株を空売りしていました。空売りというのは、株式を借りてきて売却し、株価が大きく下げたところで買い戻して、差額を利益にするという取引のことです。

空売りには当然のことですが、リスクもあります。株価が上昇すると、空売りしている投資家は損失が膨らむので、どこかの段階で損切りのための買い戻しを行う必要があります。それが株式の買いを呼び、さらに株価が上昇して、含み損がどんどん膨らんでしまうのです。

Redditに投稿された情報をもとに、おもにミレニアル世代の個人投資家が、一斉にゲームストップ株を買い始めました。結果、同社株式を空売りしている機関投資家との間で力比べが始まったのです。

結果、この状況がメディアで報じられると、他の個人投資家もどんどんゲームストップ株を買い始め、株価はどんどん吊り上げられていきました。これによって空売りをしていた機関投資家は、損失を確定させるために同社株式を買い戻さなければならなくなり、さらに株価は急騰していったのです。

じつはこのとき、マネックス証券で扱っている米国株式で一番、売買代金が多かったのがゲームストップでした。

これ、本当にすごいことが起こったのだと思いました。ゲームストップ株を巡る個人投資家対機関投資家の戦いの是非はともかくとして、**日本において米国の投資家と同じ環境で株式を売買できる状況になった**のです。

このとき、ゲームストップ株が何やらおもしろい動きをしていることをいち早く日本の個人投資家の間に拡散させるきっかけになったのが、Twitterでした。

この一件があったからではありませんが、私は以前からTwitterを愛用しています。たとえばウォール・ストリート・ジャーナルを読むときも、ウォール・ストリート・ジャーナルのウェブサイトから読むのではなく、ウォール・ストリート・ジャーナルのTwitterをフォローしておいて、そこから流れてくる情報をまずチェックし、興味深い内容があったら、改めてウェブサイトに戻って詳しく読むというようにしているのです。

ただ、注意点がひとつだけあります。Twitterで**フォローするメディアは保守、リベラル、中道の3つを上手くミックスさせる**ことです。私の場合は中道のメディアを3社、それから保守とリベラルを2社ずつというようにしています。このようにバランス取りをしているのは、自分の考え方が偏らないようにするためです。

中道のニュースソースで私が注目しているのは、ＡＸＩＯＳという米国の新興メディアです。文章が非常に短く、簡潔に的を射ているので非常に読みやすいという特徴があります。英語が読めなくても、自動的に翻訳してくれるので、いささか変な日本語になることもありますが、意味は通じるはずです。興味のある方は一度、チェックしてみてください。グーグルなどの検索窓に「ＡＸＩＯＳ」と打ち込めば簡単にヒットします。

第3章

円安リスクから資産を守る

「じぶん年金」が必要な時代に

これからは公的な年金だけではなく、**自分で将来のためのお金を手配することが必要**になってきます。とくにいま、20代、30代の人たちは、国民年金や厚生年金などの公的年金だけに頼っていると、おそらく、大変なことになるはずです。

何が大変なのかというと、**「自分が長生きしたときに、生活資金が底をつく恐れがある」**ということです。

だから、ちゃんと準備をしておかないと……。

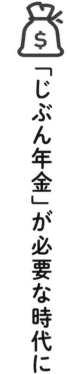

では、何をどう準備すればよいのか。多くの人は、ここで「じゃあ一所懸命、節約して預金をふやそう」などと思うのではないでしょうか。

もちろん、かつては預金で老後の生活に足るだけの資産を築けた時代もありました。ちょうど郵便局の定額貯金が６％といった高金利をつけていた時代です。年利６％の半年複利ということは、12年間運用すると元本が倍になる計算です。たとえば５００万円を定額貯金に預けっぱなしにしておくだけで、12年後には１０１６万円にも膨れ上がったのです。

生まれてからいまに至るまで、「金利は０％に近い」と思っている若い人たちからすれば、信じられない話でしょう。しかし、それが高度経済成長期の日本だったのです。

現在、日本の金利水準は、１％未満どころか、長期金利で０・02％程度です。もし、同じ５００万円を年０・02％の１年複利で12年間運用した場合、いくらになるでしょうか。答えは５０１万円です。たったの１万円しかふえないのです。

元本が２倍になるまでの期間を求める簡易計算式に**「72の法則」**というのがあります。

これは、

年数＝72÷金利（％）

という計算式です。

実際に数字を当てはめて計算してみましょう。現在の長期金利の水準である０・02％で運用した場合、元本を倍にするのにかかる年数はどのくらいでしょうか。

72÷０・02＝３６００

何と3600年もかかることになります。ちなみに、年6％の利率で運用すれば、

72÷6＝12

ですから、先ほど書いたように、12年間で元本が倍になります。

この比較からもわかるように、かつては金利だけでも12年で元本が倍になるような環境だったものが、いまは倍になるのに3600年もかかるわけですから、**いまの金利水準が当面続くという前提で考えると、預貯金で資産形成をすることはほぼ不可能**ということになります。

もっとも、かつては預貯金金利が限りなく0％に近い状態でも、資産価値を少しふやすことができていたのかもしれません。なぜなら、デフレ経済によって物価が下落し続けていたからです。

たとえば金利が0％だったとしても、物価が毎年1％ずつ低下していけば、同じお金で買えるものが1％ずつふえるようなものですから、年利1％で資産運用をしていたのと同じことになります。つまり、**これまではただ現金を握ったままでいたほうが資産価**

値はふえていったのです。

しかし、**これからはおそらくそうはいかない**でしょう。なぜなら、インフレが進む気配があるからです。

２０１３年から始まったアベノミクスの狙いは、デフレ経済からの脱却にありました。目標としては、消費者物価指数を２％程度のプラスにするというものでしたから、これが成功していれば、日本の物価は年２％のペースで上昇したはずでした。

年２％の上昇ということは、10年で物価は2割強上昇することを意味します。

もっとも現時点において、アベノミクスの狙いは外れ、年２％というインフレ目標には程遠い状況ではありますが、だからといって「もう日本はインフレにならない」とは言い切れません。

今回のコロナ禍で世界的に資金供給が行われ、かなりのカネ余りになっています。日本もその例外ではありません。何かが引き金になってインフレが起こる可能性は否定できませんし、**すでに景気回復局面に入った米国では、インフレに対する警戒感を強め始めています。**

インフレ基調になれば米国株に追い風が吹く

では、仮に近い将来、インフレが進むとしたら、どのような資産運用が最も効果的でしょうか。

インフレが進むということは、何もしないでいればお金の価値が目減りしていくことを意味します。なぜなら、モノの値段が上がり（物価上昇）、同じお金で買えるものが少なくなってしまうからです。

これを国際的な比較でみれば、日本の通貨価値が下落する、すなわち円安が進むということです。

次に、国内的にみれば、インフレに強い資産といえば、不動産と株式が代表的です。物価上昇と不動産価格の上昇には密接な連関性がみられますし、物価が上がれば名目上の売上もふえるので、企業業績にとってはプラス要因であり、株価を押し上げる効果があります。

しかし、では不動産がいいかといえば、そうともいいきれない面があります。なぜなら、日本はこれから人口が減少傾向をたどっていく可能性が高いからです。当然、長期的にみれば住宅は余る方向でしょうし、オフィス需要にしても、通信インフラや交通手段の発達とも併せてみれば、トータルでは減少するでしょう。もちろん、大都市圏で人気の高い不動産は値上がりする可能性がありますが、それ以外の、たとえば地方の小都市の不動産は下がっていくことも考えられます。もし国内の不動産投資で値上がりを狙うなら、今後、人気化する可能性の高い物件を探さなければなりません。

また、株式については、日本株の場合、前述したように日本という国の経済が自国内で完結しないという弱みがあります。

つまり、**日本の土地も株式も、インフレリスクヘッジにはなるものの、力強さという点ではいまひとつ**という感じがします。

このように考えていくと、徐々に的が絞られていきます。少なくとも現状、日本の不動産も株式もやや不透明感が残っている一方で、ほぼ確実に進むと思われるのは円安です。

そうなると、**円安でメリットを享受できる外貨建て資産に追い風の状況である**ということになります。

もちろん、外貨建て資産といってもさまざまな種類がありますが、やはり米国株式は魅力的だと思います。日本とは違い、**米国の株式市場であれば、米国経済の底力を反映して、中長期的に上昇トレンドを描いていく可能性が高い**と思われます。

だからこそ、**じぶん年金の運用先のひとつとして、米国株式を真剣に検討する意味がある**のです。

米国株投資のコツ①

長期保有で円安リスクの保険にしよう

米国株式に投資する場合、多くの方は、外貨建て資産にはつきものの為替リスクを不安に思うかもしれません。為替リスクとは、ドルなど円以外の通貨を保有しているあいだに、外貨安（ドル／円の場合であれば、円高ドル安）が進むことによって為替差損が生じるリスクのことです。

投資先が米国株式の場合、まず円をドルに替えます。手元資金１００万円を、１ドル＝１００円でドルに替えた場合、購入できるドルは1万ドルになります。

その後、もし1ドル＝90円までドルが下落したら、１万ドルを円に戻したとき、いくらの円資金が戻ってくるでしょうか。

1万ドル×90円＝90万円

1ドル＝100円のときに比べて10万円も、戻ってくる円資金が目減りしてしまいます。

それだけ、ドルの価値が対円で下落したことになります。

もちろん、これとは逆に、たとえば1ドル＝110円になれば、1ドル＝100円のときに比べて、戻ってくる円資金は10万円もふえることになりますから、ふえる可能性も同様にあるのですが、一般にはリスクのほうが必要以上に過大に恐れられる傾向があります。

外貨建て資産による運用を敬遠する人は、どうしてもドル安が進んだときの為替リスクが気になるのでしょう。

しかし、ここで冷静に考えてもらいたいのが、**ドル安が進んだときの為替リスクを敬遠するあまり、すべての資産を円建てで持つことが、果たして安全なのか**ということです。

たとえば、2012年の秋口から2015年12月にかけて、ドル／円は1ドル76円台から同123円台まで、ドル高・円安になりました。もちろんこの間、ドル建て資産を持っていた人は、為替差益が得られてうれしかったと思いますが、では円建て資産を持ち続けた人にとっては、どういう影響があったのでしょうか。

「すべて円建てで持っているから、利益も出ない反面、損も出ていない。何事もなくて良かったね」といってもよいのでしょうか。

そうではありません。じつは**円建てで資産を持っている人は、この間にドル高・円安が進んだことによって、大きな損失を被っています**。

1ドル＝76円から123円までドル高・円安が進んだということは、円はドルに対して38・21％も目減りしたことを意味します。

円建てでみれば、ふえもしないし減りもしないはずなのですが、**ドル建てで考えると円の資産価値は、円安の進行によって確実に減少している**のです。

日本国内で生活し、円で資産を保有し、円で日常の支払いなどをしていると、なかなか実感できないと思うのですが、たとえば海外旅行などに行ってみれば、円建ての資産が大きな損失を被ったことを実感できるでしょう。

また、こうしたドル高・円安の影響は、日常の生活にも徐々に表れてきます。

日本は、海外から資源・エネルギー、食料の類を輸入しています。こうした輸出入の決済には、基本的にドルが用いられるため、為替レートの変動は、円建ての決済金額に大きな影響を与えます。

たとえば1ドル＝100円のときに、海外から100万ドル分の石油を輸入するとしましょう。円建ての支払い金額は、

100円×100万ドル＝1億円

になります。それが、もし1ドル＝120円までドル高・円安が進んだらどうなるでしょうか。同じ100万ドル分の石油を輸入するとしても、円建ての支払い金額は大きく変わります。

120円×100万ドル＝1億2000万円

となり、何と、2000万円も支払い金額が変わってきてしまうのです。

さて、ドル高・円安によって円建ての支払い金額がふえた分は、どうすればよいでしょうか。

石油を輸入している会社が、それを小売業者に卸す際、ドル高・円安が進む前の価格を維持するとしたら、その値上がり分は輸入業者がかぶらなければなりません。

しかし、それにも限界があります。最終的には消費者に値上がり分が転嫁されることになります。とくに石油価格など、資源・エネルギー関連の円建て価格が上昇すると、その影響は経済活動のあらゆる部分に波及していきます。結果、全体の物価水準が上昇していくのです。

このように、円安の影響で国内物価が上昇することを**「輸入インフレ」**といいます。**日本国内の物価水準が上昇するということは、相対的にお金の価値が目減りすることを意味します**。すべての資産を円建てで保有していると、額面上の金額は変わらなかったとしても、物価との見合いによって、実質的に資産価値は目減りしてしまうのです。

輸入インフレから自分の資産価値が目減りするのを防ぐためには、**資産の一部を外貨建てに切り替えておくのが最も効果的な対策**です。そして、外貨建てに切り替えた資産はある種の保険として、ずっと外貨建てのまま保有し、運用を続けていくのがよいでしょう。

つまり、為替レートの値動きをみていちいち外貨にしたり、円に戻したりするのではなく、ひたすら外貨のまま運用し続ける部分を、自分のポートフォリオのなかに組み込んでしまうのです。

もちろん、外貨にもいろいろな種類がありますが、現時点で世界最強の通貨であるということを考えれば、やはりドル建ての金融商品で保有し続けるのがよいと思います。そうすれば将来、急速に円安が進む局面が訪れたとしても、ポートフォリオに組み入れたドル建て資産によって、資産価値が目減りするリスクを軽減してくれることも考えられます。

どのくらいの比率でドル建て資産を持てばよいのか、ということですが、あくまでも将来、進むかもしれない円安に備えて保有する保険商品のようなものなので、過度に比率を高める必要はありません。たとえば、保有資産の約30％程度をドル建て資産で保有する、というようなイメージで考えてみてはいかがでしょうか。

米国株投資のコツ②
自分が勧めたい会社に投資しよう

では最後に、米国株式ポートフォリオを組むにあたって、どのような観点から銘柄を選べばよいのかについて考えてみましょう。

一般的には業績や財務内容など、企業のファンダメンタルズをチェックするとともに、利益に対して株価が割高か割安か（PER）、あるいは純資産に対して株価が割高か割安か（PBR）といったバリュエーションをチェックして銘柄を選ぶわけですが、日本企業であれば企業名を聞けばだいたいどのような会社なのかということがわかっても、米国企業になるといわゆる土地勘がないので、そういう感覚はなかなかわからないと思います。

そういうときは、**自分が将来勤めてみたい会社、あるいは子供や孫に勤めさせたいと思う会社、といった判断基準も意外と有効**です。

そして、自分のお金を運用するなら「自分が勤めてみたい会社」、子供や孫のお金を運用するなら「子供や孫に勤めさせたいと思う会社」という使い分けをすれば、さらに楽しく銘柄選びができるかと思います。

たとえば、自分が勤めたい会社だったら、

- **SNS関連**
- **金融業**
- **医療関連**

・宇宙ビジネス

　というように、頻繁に見聞きするテーマに沿って、これから自分が働いてみたいセクターを挙げ、それから具体的な個別企業に落とし込んでいけばよいでしょう。こうして複数銘柄に投資すれば、特定のセクター、あるいは企業に偏ったポートフォリオになるのを避けることもできます。

　個別企業への投資は、相応の投資リスクもありますから、やはり分散投資が必要です。実際に働くとなると、同時に複数企業の社員になるのは困難ですが、投資であれば、同時並行でいくらでもお金に働いてもらうことができます。

　ちなみに、専業のトレーダーではなく、勤めながら投資をしている多くの方には、投資する際にもうひとつだけ注意していただきたい点があります。それは、**自分がいま、実際に働いている会社が属している業種と同じ米国企業には投資しない**、ということです。なぜなら、自分がいま月々のキャッシュフローを得ているのと同じ業種の企業に投資したら、分散投資効果が幾分落ちると考えられるからです。

　以上をまとめると、米国株に投資するにあたっては、

①外貨建て資産のポートフォリオとして、円に替えることなく長期で運用する
②自分が働きたい会社、子供や孫に働かせたい会社という観点で銘柄を選ぶ

という考え方をお勧めします。この2点に配慮しておけば、まず大きな失敗に終わることはないと思います。

投資にとって時間を味方につけるのは、非常に大切なことなので、もし米国株式の投資を始めるのであれば、できるだけ若いうちからスタートさせることです。それが豊かなリタイヤメント生活を送るための資金づくりにつながっていくのです。

さて、ここまで日本国内でインフレの気配が漂うなど投資環境が変わってきたこと、そうしたなかでは、インフレと為替（ドル高・円安に進む可能性）の両面から米国株に投資することが合理的であること、リスクへの対応や銘柄の発掘などでは自らきちんと考えて投資することが大切であることなどについて、お話ししてきました。

次章からは、さらに具体的な米国株への投資法について、マネックス証券の仲間たちから解説してもらうことにしましょう。

第4章

米国株投資5つのシナリオ

政府の責任で経済を元に戻す

この章では私、マネックス証券チーフ・外国株コンサルタントの岡元が、これからの米国株式市場の投資環境、注目している投資テーマなどについて解説してまいります。目下、米国経済は新型コロナウイルスの感染拡大による経済の沈滞から、徐々に正常化に向けて動き始めている局面です。

ニューヨーク・ダウがコロナショック前につけた高値が、２０２０年2月の2万９５６９ドルでした。それが3月のコロナショックで瞬間、1万８２１４ドルまで下落しました。

このとき、米国は新型コロナウイルスの感染拡大を抑え込むために、経済活動を一時的に止めました。当時の財務長官だったムニューシン氏は、テレビに出てこう言ったのです。

「米国政府の責任において経済を止めるので、米国政府の責任において経済を元に戻す」

図４−１　米国の失業率

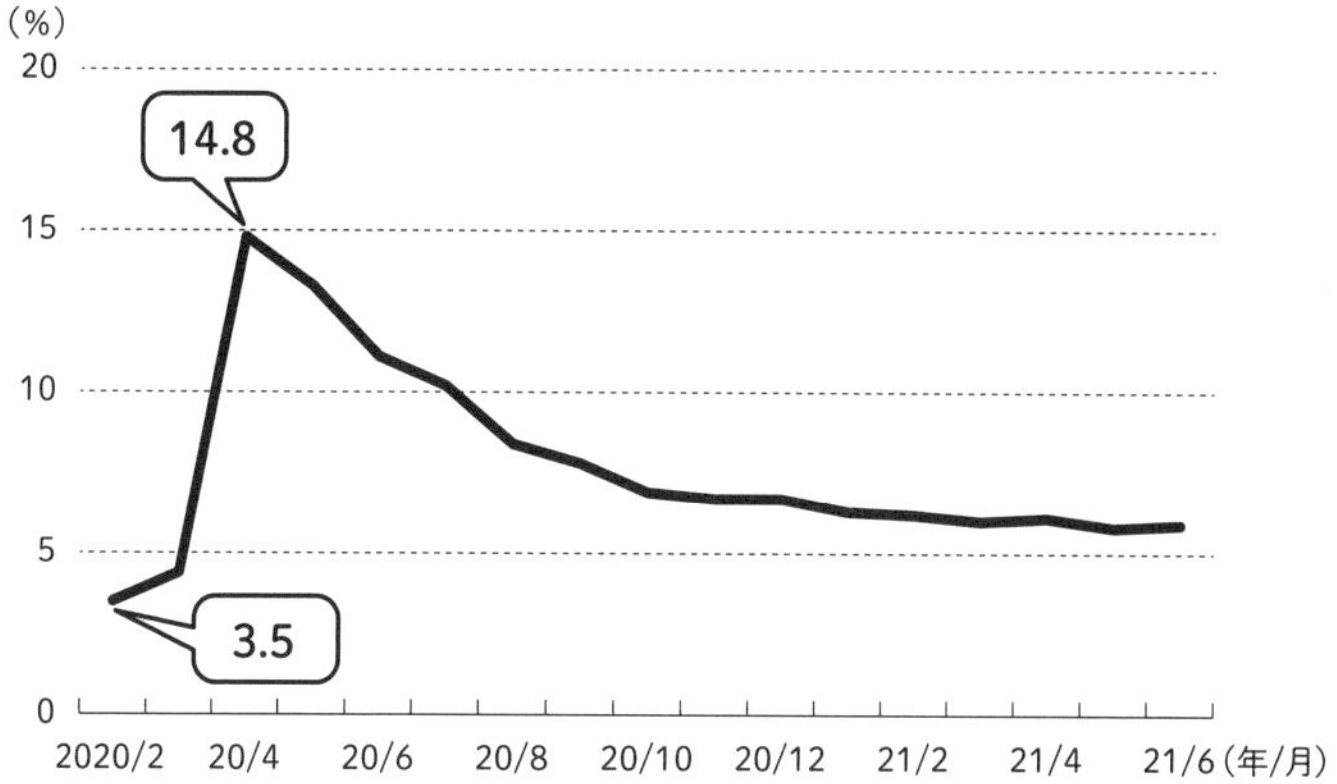

（出所）米国労働省労働統計局ウェブサイトより作成

米国政府がいま、まさにそれを実行に移している最中といっても良いでしょう。その過程においてFRBは資産の買い上げによってマーケットに潤沢な資金を入れるのと同時に、さまざまな補助金、助成金を米国国民に対して提供しています。それはもう、やりすぎと思われるくらいに徹底的に行っています。

そのなかで米国企業が何をしてきたのかというと、コロナ禍が深刻化した２０２０年の春から夏にかけて、躊躇することなく従業員のレイオフに踏み切りました。その結果、米国の失業率は、２０２０年２月は３・５％という完全雇用に近い状態でしたが、２０２０年４月には14・８％まで急上昇し、７月にかけて２ケタ水準が続きました（図4―1）。

恐らく日本人の常識から考えれば許されないことだと思います。「なぜ、皆が苦しい状況にあるときに、追い打ちをかけるようにレイオフをするんだ」と、ナイーブな日本人ならそう言いそうです。

でも、仕事が瞬間蒸発した以上、仕事のない従業員を雇い続けることのほうが、米国においては非常識に映ります。仕事がなければレイオフは当たり前。雇われている人たちも、それを当然のことと思っていますから、粛々とそれを受け入れます。

それが結果的に、企業からすればポジティブな方向に作用するのです。仕事がなくなった人たちは、ひとまず国からの助成金で生活してもらって、その間に企業はレイオフなどによって経営を軽くして、業績の立て直しに動くのです。実際、**米国企業の業績見通しは明るさを取り戻しつつあり、それが株価の高値更新につながっています**。こうして株価が上昇し、企業業績が回復すれば、レイオフされた人たちを再び雇い入れることができます。非常に合理的なやり方です。

米国企業の増益基調はまだ続く

前述したように、米国経済はいま、徐々にコロナ前の水準に向かって回復基調をたどっている最中です。**企業業績も徐々に回復基調をたどっているため、投資家の間にも安心感が広がり、それがいまの株価上昇につながっています。**

問題はここから先です。これからも米国経済は好調さを維持できるのでしょうか。

２０２１年６月16日に開かれた米連邦公開市場委員会（ＦＯＭＣ）の声明で、当初は２０２４年以降と言われていた利上げのタイミングを２０２３年に早めるという話が浮上しました。それを受けて、６月18日のニューヨーク市場で、ニューヨーク・ダウは前日比１・６％安の５３３・37ドル安となりました。

とはいえ、まだ実際に利上げが行われるのは２０２３年以降になるので、企業業績については強気でみても良いでしょう。これはあくまでも現時点での予想ですが、２０２１年は前年比で34・６％の増益であり、２０２２年も12・７％の増益が見込まれています。ただ、実際に利上げが行われると思われる２０２３年については、増益のペースが落ちます。それでも、２０２２年比で８・５％の増益が見込まれていますから、**米国企業の業績と株価に関しては、まだしばらくは安泰**とみてもよさそうです。

では、利上げによる影響はどのように出るでしょうか。

これは一般的な通説に近い話ですが、「金利上昇は株価の下落につながる」と言われています。

金利が上がると借入コストが上がるため、企業は設備投資を抑制し、個人は消費をしなくなる。結果、企業業績が悪くなるので、株価は下落する、というのがそのロジックなのですが、本当でしょうか。

じつは過去のデータを検証すると、**米国の金利上昇局面において、株価はむしろ上昇しているのです**（図４－２）。

たとえば２０１３年５月から12月まで、当時のＦＲＢ議長だったバーナンキ氏が量的緩和の縮小を示唆したことから米国10年国債の利回りは１・４％上昇しましたが、この間にＳ＆Ｐ５００は15％も上昇しました。

２０１５年１月から６月もそうです。このときは２０１５年12月に利上げが行われ、

図4-2　S&P500指数と米国10年国債利回りの比較

ゼロ金利政策が解除されました。米国10年国債の利回りは0・8%上昇したものの、S&P500は5%上昇しています。

さらに2016年7月から2017年3月の期間ですが、このときは2016年の大統領選挙でトランプ氏が勝利し、トランプ減税によって景気が回復するとの見方から、米国10年国債の利回りは1・3%上昇しましたが、S&P500は11%上昇しています。

それ以降も2017年9月から2018年11月までの金利上昇局面、2020年8月から2021年2月までの金利上昇局面のいずれも、やはり米国の株価は上昇傾向をたどっています。

なぜ金利が上昇しているにもかかわらず、株価が上昇してきたのでしょうか。

やはりその根底にあるのも、米国企業の業績だと思います。**Ｓ＆Ｐ５００に採用されている企業のＥＰＳ（１株あたり利益）の伸びの推移をみると、金利が上昇しても基本的には右肩上がりで伸びている**ことがみて取れます。昨今のマーケットではインフレ懸念が浮上していますが、少なくともこれまでの米国企業は、インフレが進んだ局面においてもＥＰＳを伸ばし続けているのです。

米国株はバブルではない

日本のメディアで報じられている内容をみていると、「まったくもって米国株式市場のことをわかっていない」と思わざるを得ない記事などがたくさんあります。

曰く、「米国株式はバブルだ」と言うのですが、その根拠はどこにあるのでしょうか。

米国株はバブルだと言う人たちの根拠は、大体次のようなものでしょう。

「ニューヨーク・ダウが過去最高値を更新し続けている。そろそろ大きく崩れてもおかしくない」

「新型コロナウイルスで大勢の人が亡くなっているのに、株価がこんなに上がるなんて何かがおかしい」

「過剰流動性によって株価が買い上げられているだけだ」

とまあ、そんなところだと思います。

でも、よく考えてみてください。2021年も2022年も、米国企業の業績は大きく伸びる予想が出ています。それにともなってEPSもふえるわけですから、**株価が下げることのほうがおかしい**のです。

ましてや、**いまの米国株価がバブルだというのは、まったく間違った見方**です。

こうした米国企業の強さを支えるのは、何といっても米国経済のファンダメンタルズの強さです。そのファンダメンタルズとは、すなわち人口の増加です。

人口がふえるということは、それだけ消費者の数がふえて購買力が高まることを意味します。しかも、日本に比べて人口が若いことも米国経済の強さを下支えしています。

そこにイノベーションが乗るわけですから、よほどの天変地異が起こってこのファンダメンタルズが崩壊しない限り、米国経済は今後も成長するのが当たり前なのです。

インデックスより個別株がおもしろい

米国の株式に投資するにあたっては、市場全体を買うインデックスファンドに投資するか、それとも個別銘柄に投資するかという、２つの方法が考えられます。

実際、これまでの株価上昇局面で、どの銘柄がいちばん儲かったのかという話になると、必ず出てくるのが「それはニューヨーク・ダウさ」という話です。まあ、これは笑い話でも何でもなく、紛れもない事実です。いままで最も値上がりした銘柄は、ニューヨーク・ダウなのです。

こうした事実を、賢い米国の投資家はよく知っていて、とにかくこの10年でＥＴＦのマーケットが、大きく拡大しました。

ＥＴＦとはExchange Traded Fundsの略で、証券取引所に上場されている投資信託のことです。日本でも、東京証券取引所に上場している投資信託があります。

米国のＥＴＦには、本当にさまざまなタイプがあります。現在、１０００本以上が上場されており、ＥＴＦを通じて、株式市場だけでなく、債券市場やコモディティ市場にも投資することができます。あるいは、Ｓ＆Ｐ５００という株価指数が10％上昇すると、30％値上がりする「レバレッジ型のＥＴＦ」や、株価が下落すると値上がりする「インバース型のＥＴＦ」など、変わり種のＥＴＦもたくさん上場されています。しかし、ＥＴＦの基本はやはり、ニューヨーク・ダウやＳ＆Ｐ５００など、市場全体の値動きに連動するインデックスファンドになります。

　インデックスファンドには当たり外れがありません。なぜなら、市場全体の平均値をトレースするからです。しかも市場全体に投資しますから、分散が効いています。したがって、個別銘柄を研究する時間のない人などは、市場全体をとらえるインデックスに連動するＥＴＦでの運用が適していると思います。

　ただ、**インデックスは決して万能ではありません**。市場全体に投資するということは、そのなかには大きく成長する企業がある反面、ダメな企業も含まれてしまいます。よい企業と悪い企業があるからこそ、平均的なリターンになるとも考えられます。

　この点、個別銘柄投資には当たり外れがありますが、**きちんと企業研究を行えば、優れた企業を発掘できる可能性が高まります**。リサーチの精度を上げることによって、インデックス以上のパフォーマンスが実現できるかもしれないのです。

したがって、ある程度、**企業研究が好きで、それをしっかり行うだけの時間的な余裕がある人は、インデックスファンドよりも個別企業投資のほうがお勧め**です。

「シナリオを分散する」ことから始めよう

株式投資をする場合、分散投資はとても大切です。インデックスファンドなどは、まさにこの分散投資のメリットを最大限に活かした特性を有しています。

個別銘柄に投資する際も、やはり分散投資は大切です。

ただ、個別銘柄の分散投資というと、なにを基準にして分散させればよいのか、いまひとつはっきりしません。やみくもに銘柄を分散させても、結果的に同じような特性の銘柄だったら、わざわざ分散させる意味がなくなってしまいます。

これが為替であれば、選択できる通貨ペアの数が限られているので、通貨ペアごとに値動きの異なるものを探すのは比較的容易なのですが、個別銘柄の場合、マネックス証券が扱っている米国株式だけでも４２００銘柄超もの個別銘柄がありますから、その一つひとつについて値動きの特徴を調べ、異なる値動きをするもの同士で組み合わせを考えるのは、非常に困難です。

したがって、まずは**シナリオの分散を行ったうえで、結果的に銘柄分散を図っていく**という方法をとるとよいでしょう。

ここでいうシナリオとは、今後、米国の経済がどのような変貌を遂げていくのか、そのなかでどのような企業やセクターが注目されるのか、ということです。具体的なシナリオを挙げて、それぞれについて説明していきましょう。ただし、これはあくまでも現時点において、将来有効と思われるシナリオです。未来が訪れたときも同じシナリオが通用するとは限りません。

ですから、まずはこのシナリオにそってポートフォリオを構築し、5年、あるいは10年が経過した時点では、自分自身で集めた情報をベースにして、また新しいシナリオを策定してみることをお勧めします。

私が考えるシナリオは、以下の5つになります。

シナリオ1
バイデン大統領のインフラ投資

バイデン大統領は8年間で2兆ドル（約220兆円）を超える、The American Jobs Plan（米国雇用計画）と銘打ったインフラ投資を発表しました。世界で最も強く、最も弾力性があり、最もイノベーティブな経済を築き、数百万人の米国人にとって給料の良い雇用を生み出すことを目的としており、**「100年に一度」**あるかないかのメガサイズの投資計画であるとしています。

ここから先、米国株式投資で注目しておいたほうが良いテーマをいくつか申し上げますが、この大規模なインフラ投資に関連したものがいくつか含まれます。

具体的にどのような施策が打ち出されているのかについて、支出の内訳をみてみましょう（図4-3）。

①輸送整備関連……現在、売上の2％を占めるEV（電気自動車）を普及させるための税額控除等のインセンティブ。2030年までに50万台のEV用の充電ステーション

図4-3　バイデン大統領のインフラ投資計画の主な内容

輸送整備	EV普及、道路や橋の補修、公共交通機関の整備	約5000億ドル
建設・公益事業	住居建設補助、インターネット整備	約5000億ドル
雇用とイノベーション	製造業の再構築、新技術の研究開発	約2800億ドル
高齢者や障碍者向けの介護	介護者の給料引き上げ	約4000億ドル

の建設（１７４０億ドル）、２万マイルのハイウェイや道路の近代化、１万の小型橋梁の修復（１１５０億ドル）、公共輸送システムの整備（８５０億ドル）、鉄道網の整備（８００億ドル）、災害対策（５００億ドル）など。

②建設・公益事業関連……低価格の住居建設や補助金（２１３０億ドル）、高速インターネットの整備（１０００億ドル）、送電網、クリーンエネルギー関連（１０００億ドル）、学校（１０００億ドル）など。

③雇用とイノベーション関連……製造業の米国への回帰（５２０億ドル）、半導体業界（５００億ドル）、全国科学基金（５００億ドル）、労働者訓練（４８０億ドル）、クリーンエネルギー製造（４６０億ドル）、気候温暖化に関する新しい技術の研究開発（３５０億ドル）など。

④高齢者や障碍者向けの介護関連……高齢者や障碍

者だけでなく、介護者への給料や恩恵をふやす（４０００億ドル）。

この大型投資の財源について、バイデン大統領は主に連邦法人税の引き上げで賄いたいとしています。

米国では２０１７年にトランプ前大統領時代に法人税をいままでの35%から21%へカットしました。今回その21%の法人税を28%へ引き上げるとし、15年間の増税で今回の大型投資の財源とするとしています。

加えて、海外での売上の多いグローバル企業の海外での売上に対する増税も計画されています。

このグローバル企業の海外での売上に対する税制の変更だけでも、15年間で１兆ドルの税収が見込めるとしています。

シナリオ2 クリーンエネルギー

もともとクリーンエネルギーに関しては、２００９年から２０１６年まで続いたオバ

図４−４　S&P500 指数と S&P グローバル・クリーン・エネルギー指数

（注）2019年末=100とする
S&Pグローバル・クリーン・エネルギー指数：再生可能（代替）エネルギーや環境改善技術など「脱炭素」に貢献する分野の30社で構成

マ政権における「グリーンニューディール政策」で注目を集めたものの、それに次ぐトランプ政権では歯車が逆回転し、現在のバイデン政権下で改めて米国の政策のひとつに盛り込まれてきました。

具体的には風力タービンや持続可能な住宅、電気自動車の製造などによって雇用を促進しつつ、２０３５年までに二酸化炭素を排出しない電力業界の実現を目指す他、２０５０年までには温室効果ガスの排出量をゼロにするという宣言も打ち出しました。

クリーンエネルギーは世界的な潮流です（図４−４）。

ＥＵでは10年間で１兆ユーロを、２

０５０年までに温室効果ガス排出をゼロにする目標を達成するための「欧州グリーンディール投資計画」に投入する計画を打ち出していますし、日本でも２０５０年までに温室効果ガス排出量を全体としてゼロにする脱炭素社会の実現を宣言しています。

先進国各国・地域が目指す温室効果ガスの排出量ゼロという目標は、２０５０年という非常に先の長い話です。

これに関連する業界は水素燃料電池の製造会社やクリーンエネルギーを用いて発電を行っている会社、電気自動車、などが挙げられます。

シナリオ3
EV（電気自動車）

米国の自動車といえば大排気量で非常に燃費が悪いというイメージが先に立ちますが、環境負荷の問題を考えれば、**ビッグスリーといえども内燃機関の自動車を造り続けるのは困難**になります。

このジャンルで一歩先を進んでいるのはテスラですが、テスラ以外にもＥＶに力を入れている企業はあります。

図4-5　米国のEV保有台数

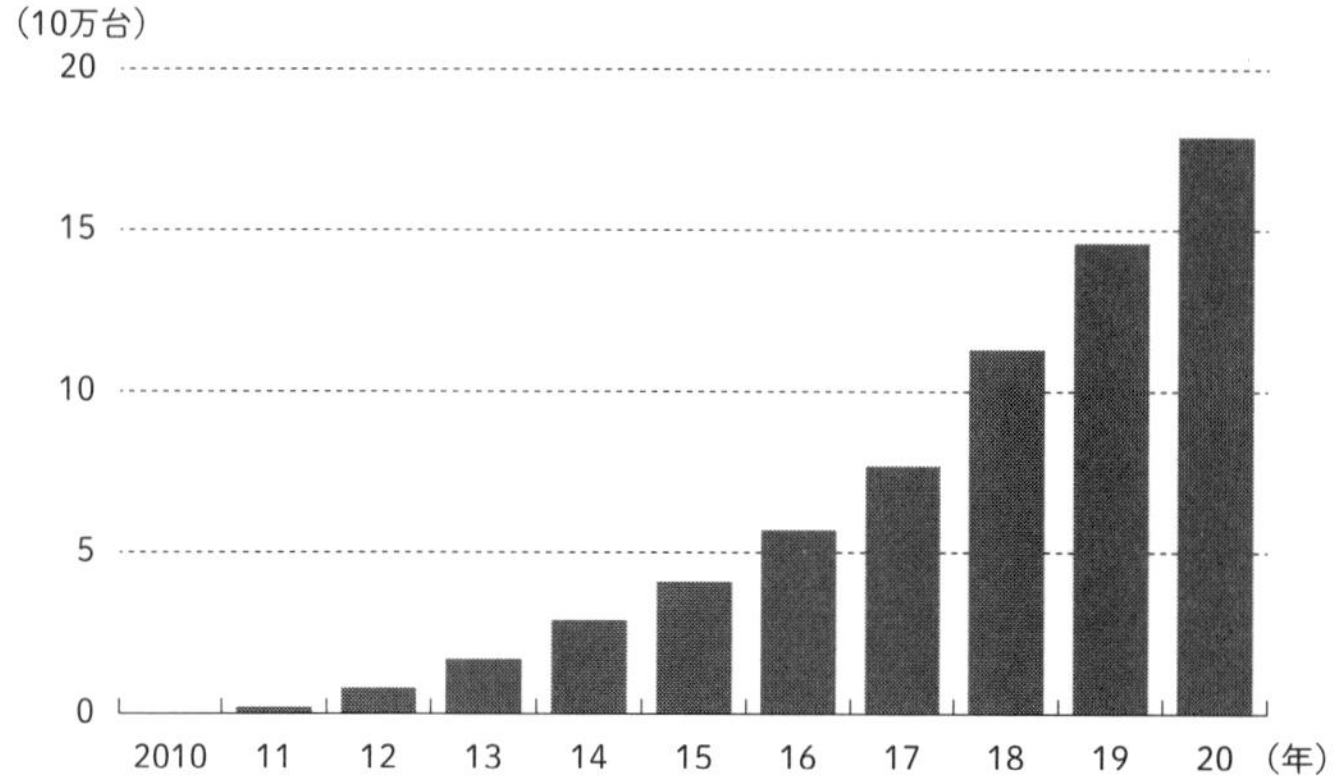

（出所）IEA“Global EV Outlook”より作成

たとえばフォードはＥＶとコネクテッドカーを今後の主力事業にするため、２０２５年までに３００億ドル以上の資金を、バッテリーなどＥＶ関連の技術に投資し、２０３０年までに世界で販売している自動車の40％をＥＶにするという目標を打ち出しました。

将来的にＥＶ化が進む（図4-5）となれば、ガソリンスタンドに代わる充電ステーションが必要になります。何しろ米国という土地は広大ですし、ＥＶに搭載されるバッテリーの性能を考慮すれば、かなりの数の充電ステーションが必要になります。バイデン大統領は少なくとも50万台の充電ステーションを造ることを宣言しているので、それに関連する業界も注目されます。

シナリオ4

米国内の製造拠点の増加

バイデン大統領は**海外にある製造拠点を米国へ戻そうとする動きを見せています。**

今回のコロナ禍で、グローバルサプライチェーンの弱点が露わにされました。特定の国やサプライヤーに対する依存度が高まると、そことのサプライチェーンが分断されたとき、国内に必要なものが入ってこなくなるというリスクが顕在化します。世界的なマスク不足や、特定国に原材料を抑えられてしまい、薬を製造できなくなるといった事態が現実に発生しました。

海外にある製造拠点を米国内に戻そうというのは、米国にとってリスク管理の一環といっても良いでしょう。

この流れは、**長期的な株式投資のテーマを私たちに提供してくれる**はずです。

工場を建設する場合、工場のオートメーション化は不可欠ですが、そのトレンドから恩恵を受ける企業としては、ロックウェルオートメーション（ROK）、エマソン・エレクトリック（EMR）、イートン（ETN）などがあります。

また、米国内で製造施設がふえると、米国内での貨物の動きがふえるでしょう。そのような動きの恩恵を受けるのは、ユニオン・パシフィック（ＵＮＰ）や、ノーフォーク・サザン（ＮＳＣ）といった鉄道貨物会社です。

米国株式に投資するときは、日本株に投資するのとはまた別の発想が必要になります。日本で貨物関連の鉄道会社の株式といっても、恐らくぴんと来ないかと思います。なぜなら、日本ではＪＲをはじめとして、鉄道会社の業績は非常に厳しい状況に追い込まれているからです。とくに昨今ではコロナ禍の影響もあり、人の流れが低迷しているからなおのことです。もっといえば、人口が将来的に減少傾向をたどるとみられている国において、国内物流や公共交通機関の企業業績には期待できません。

ところが米国の場合、前述したように人口がこれからもふえ続ける国ですから、製造業を米国内に戻す動きがなかったとしても、国内物流はふえ続けます。**日本の常識に囚われて銘柄選びをすると、本当のお宝銘柄に気付かない恐れがある**のです。

シナリオ5
GAFAM系

グーグル（G）、アマゾン（A）、フェイスブック（F）、アップル（A）、マイクロソフト（M）という、ビッグテックの5社に関しては、すでに「GAFAM」という名称とともに、移り変わりの激しい世界では**「古い投資テーマ」であるように思われているのですが、決してそんなことはありません**（図4-6）。

たとえばグーグルの検索機能は機械学習によってどんどん賢くなっており、使い勝手が年々、各段に向上しています。世界の90%が利用しているというデータもあるくらい、幅広く使われているわけですが、こうなるとグーグルの広告収入がどんどんふえていく可能性が高まっていきます。

現状、グーグルに掲載されている広告料は新興国に比べて先進国のほうが高いわけですが、いずれ新興国の経済力がボトムアップされて中間所得層がふえると、新興国におけるグーグルの広告料がどんどん上がっていく可能性があります。

あるいはアマゾンにしても、これだけ誰もが使っているようにみえるのですが、じつ

図4-6　NYダウとGAFAMの株価指数

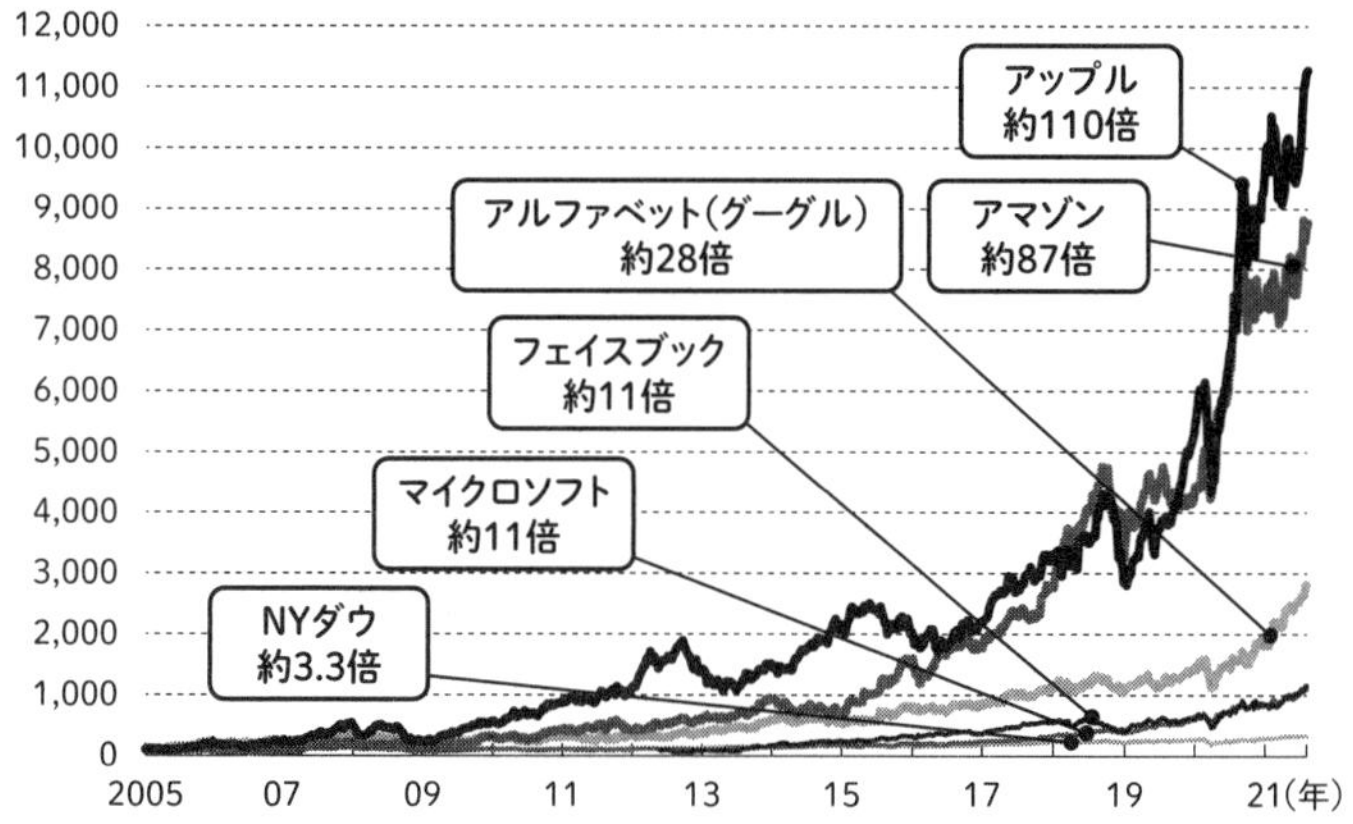

(注) 2005年1月末=100とする
　　　フェイスブックは2012年5月に上場のため、2012年5月末=100
(出所) Bloombergデータよりマネックス証券作成

はショッピング全体に占めるオンラインショッピングの比率は、まだ20%足らずに過ぎません。つまりまだまだオンラインショッピングには拡大する余地があるのです。

このコロナ禍で、大勢の人たちがオンラインショッピングの利便性の高さに気付いてしまいました。恐らく、利用者はこれからもふえ続けていくでしょう。

アップルも、いまは収益の柱であるスマートフォンやタブレットは、いずれ使われなくなるような時代がやってくるのだと思っています。そうなったとき、アップルの収益の柱がなくなることを懸念する必要はどこにもありません。そのころには、アップルは、ＡＲ（拡張現実）やＭＲ（複合現実）を使った新しいウェアラブル端末、健康という成長中の分野に特化した事業、それに自動運転（アップルカー）といった、今までとは違う新たな分野でも覇者になる可能性が高いと思われます。

一部では、米国政府が大きくなりすぎたＧＡＦＡＭに規制をかけるという話もありますが、もしＧＡＦＡＭだけに規制をかけたりしたら、米国企業は中国企業との競争に負けます。ＧＡＦＡＭが中国企業に負けることを願っている米国人などひとりもいません。そう考えると、**米国政府や議会がＧＡＦＡＭだけに規制をかけるような真似をするとは、とても思えません。**ここは非常に大事なポイントです。

つまりＧＡＦＡＭの成長は止まりません。それは株価も同じです。ＧＡＦＡＭに関しては、下げたところを黙って仕込んでいくというスタンスが良いと思われます。

（マネックス証券チーフ・外国株コンサルタント　岡元兵八郎）

第5章

米国株投資の基礎知識

米国を代表する2つの証券取引所とは?

米国には、世界でも有名な2つの証券取引所があります。ひとつは**ニューヨーク証券取引所（NYSE）**。もうひとつは**ナスダック（NASDAQ）**です。それぞれの上場銘柄数は2021年8月11日現在、ニューヨーク証券取引所が約3500銘柄で、ナスダックが約4500銘柄です。

ニューヨーク証券取引所は、200年の歴史を持つ世界最大規模の証券取引所です。2007年、ニューヨーク証券取引所は、欧州のユーロネクストと共同で「NYSEユーロネクスト」という共同持ち株会社を設立しました。ユーロネクストというのは、欧州19か国の共通通貨であるユーロの誕生とともに設立された証券取引所で、2000年9月、パリ証券取引所、アムステルダム証券取引所、ブリュッセル証券取引所が合併してできたものです。

こうして設立されたNYSEユーロネクストは2008年1月、旧アメリカン証券取引所（AMEX）の買収も行いました。もともとアメリカン証券取引所は、ニューヨーク証券取引所の上場基準を満たすことのできない企業を中心にした上場市場という位置づけでしたが、新興企業を中心としたナスダックの勢力が拡大していくにつれて、地盤沈下が進んでいきました。そのため、オプション取引やＥＴＦなどニッチな上場品目をふやすことで生き残りを図ってきました。

このように合併を繰り返すことによって、ＮＹＳＥユーロネクストの傘下には、ニューヨーク証券取引所、ユーロネクストという2つの証券取引所がぶら下がっている形になっています。

一方、ナスダックは、１９７１年に世界最初の電子証券取引所として産声をあげました。インテルやアップルなど、おもにＩＴ関連のベンチャー系企業が中心となって上場されています。

ニューヨーク証券取引所との大きな違いは、株価の値付け方法にあります。ニューヨーク証券取引所は「オークション制」といって、不特定多数の投資家が市場に集まり、その需給バランスによって株価が形成されます。

これに対してナスダックは、「マーケットメーク制」が取られています。これは、マーケットメーカーと呼ばれている複数の証券会社が、個別銘柄について買値と売値を提示し、その買値と売値のなかで投資家にとって最も有利な値段から注文が約定されていくものです。

現在の米国株式市場は、このようにニューヨーク証券取引所とナスダックが中心になっています。

両市場とも、通常取引の取引時間は9時半から16時までです。したがって夏時間における日本時間の取引時間は22時半から翌日5時まで、冬時間の取引時間は、23時半から翌日6時までになります。

代表的なインデックスには何がある？

米国株式市場の代表的な株価指数には、次の4つがあります（図5−1）。

▼ダウ工業株30種平均株価指数

ダウ・ジョーンズ社が開発し、現在はS&Pダウ・ジョーンズ・インディシーズ社が提供しているもので、米国を代表する優良企業（ブルーチップ）30社の平均株価指数です。

ダウ平均株価指数には、この他に「ダウ輸送株20種平均」「公共株15種平均」と、これらを合わせた「ダウ総合65種平均」がありますが、このうち最も有名なのが、ダウ工業株30種平均です。

算出開始は1896年で、当初は農業株、鉱工業株、輸送株などの15種からスタート。1928年に30種平均になりました。「工業株30種平均」の名は冠しているものの、実際には医療や情報通信業など、その時々の時代をリードする業種等を加えながら、現在に至っています。

▼S&P500株価指数

スタンダード&プアーズ社が開発し、現在はダウ工業株30種平均株価指数と同様に、S&Pダウ・ジョーンズ・インディシーズ社が提供しているもので、米国の大企業500社を集めて算出される株価指数です。機関投資家の運用実績を評価する際のベンチマークとして採用されるケースが多くみられます。ニューヨーク証券取引所、ナスダック、NYSE Americanに上場されている銘柄から500銘柄を抽出して算出されています。

▼ナスダック総合株価指数

ナスダックで取引されている全銘柄の時価総額をベースにして算出される株価指数です。ナスダックで取引されている銘柄は、インテルやアップル、マイクロソフトなどのハイテク企業、あるいはアマゾンやグーグル、フェイスブックなどのインターネット関連企業が中心なので、その動向はハイテク・インターネット関連企業の状況を把握するうえで参考になるといわれています。

▼ラッセル3000株価指数

アメリカの上場企業のうち、時価総額の上位3000銘柄で構成された株価指数です。この3000社で、米国株式市場全体の時価総額の98%を占めるといわれています。

米国の株式市場には、こうした株価インデックスに連動する形で運用されているETFが、たくさん上場されています。日本でも、近年、種々のETFが登場していますが、取引の規模、上場されるETFの種類では、まだまだETFの本場である米国市場に遠く及ばないのが現状です。

図５-１　主なインデックスの比較

	NYダウ	S&P500	ナスダック総合	ラッセル3000
算出開始	1896年5月26日	1957年3月4日	1971年2月5日	1986年12月31日
構成銘柄数	30銘柄	500銘柄	ナスダックに上場している全銘柄	3000銘柄
算出方法	株価平均型	時価総額加重型	時価総額加重型	時価総額加重型
選定基準	・米国企業であること ・成長性が認められること ・投資家の関心が高いこと	・米国企業であること ・時価総額が一定以上（随時見直される）であること ・4四半期連続で黒字を維持していること ・株に流動性があること	・ナスダックに上場していること	・米国企業であること ・時価総額が上位3000以内の銘柄であること

「ティッカー・コード」って何？

日本の株式市場は「証券コード（銘柄コード）」といって、４ケタの数字で個別銘柄を表示しますが、**米国では「ティッカー・コード（シンボル）」と呼ばれるアルファベットで個別銘柄を表示します。**

たとえば、コカ・コーラは「ＫＯ」、ゼネラル・エレクトリックは「ＧＥ」、ボーイングは「ＢＡ」です。基本的にニューヨーク証券取引所に上場されている銘柄の場合は、アルファベット１～３文字で表示されるのが一般的です。

これに対してナスダックの場合は、同じようにアルファベットによるティッカー・コードがつけられていますが、たとえばマイクロソフトの「ＭＳＦＴ」、アマゾンの「ＡＭＺＮ」のように、４文字表示が一般的です。

ただ、いまは上場銘柄がどんどんふえているため、アルファベット4文字だからナスダック銘柄であるとは、必ずしもいえなくなってきています。

参考に、２０２１年6月25日時点における、米国株式市場の時価総額上位銘柄は次のようになっています。

1位　アップル（AAPL）……2兆2244億5699万ドル
2位　マイクロソフト（MSFT）……2兆3億8508万ドル
3位　アマゾン・ドット・コム（AMZN）……1兆7145億9997万ドル
4位　グーグル（GOOG）……1兆6728億4939万ドル
5位　グーグル（GOOGL）……1兆6625億7845万ドル
6位　フェイスブック（FB）……9730億7315万ドル
7位　テスラ（TSLA）……6483億2110万ドル
8位　台湾積体電路製造（TSM）……6080億1600万ドル
9位　アリババ・グループ（BABA）……5923億5578万ドル
10位　ビザ（V）……5198億1539万ドル

なお、日本の株式市場における時価総額トップはトヨタ自動車で、その額は32兆1144億円。1ドル＝110円で換算した場合、米国株式市場の時価総額トップのアップルは244兆6902億円にもなりますから、いかに米国の株式市場が巨大か、おわかりいただけると思います。

何株から買えるの？

米国株式を取引するにあたって、他にも日本の株式と異なる点がいくつかあるので、事前に覚えておいたほうがよい点を、簡単に紹介しておきます（図5―2）。

まず最低取引単位です。

日本の場合、単元株制度といって、企業が自分で最低取引株数を決めています。したがって1単元＝100株の銘柄であれば、100株単位で取引しなければなりません。たとえば1単元＝100株の銘柄の株価が2000円であれば、最低でも2000円×100株＝20万円の資金が必要になります。

これに対して**米国株式の場合、単元株制度がないので、1株単位で取引が可能**です。

また、株価が100ドルを超えると、米国企業は積極的に分割を行って、少額資金でも株式の売買ができるようにしている会社も多くあります。

このように、**誰でもちょっとしたお金があれば、簡単に株主になれるという点が、米**

図5-2　米国株と日本株の違い

	米国株	日本株
銘柄コード	アルファベット（ティッカー・コード）	4ケタの数字
最低取引単位	1株	1単元 企業が最低取引株数を決定
値幅制限	なし	あり

国の株式資本主義的な側面を支えているともいえます。日本のように、「株式投資はお金持ちのためのもの」とは、まったく異なるカルチャーを持っているのです。

ただ、日本で米国株式に投資する場合、取引手数料が日本株のものよりも割高に設定されていることが多くあります。マネックス証券では、そこを考慮して積極的に米国株式の手数料を改定し、少しでも手軽に米国株式に投資ができる環境を整えるようにしています。

また、**値幅制限がないという点も、米国株式市場の大きな特徴**です。

日本の株式市場では、ストップ高、ストップ安といって、値幅制限が設けられているため、いくら買いや売りがあったとしても、その値幅制限を超えて株価が値上がりしたり、値下がりしたりすることがありません。

ところが、米国の株式市場は値幅制限が設けられていないため、とくに株式市場が乱高下しているときに成行で注文を出すと、思った以上に高い株価で買ってしまったり、逆に安い株価で売ってしまったりするケースがあります。ただ、それは株価がどのような状況にあったとしても、ほぼ確実に買える、売れることを意味しますから、一長一短でもあります。

ＥＴＦは充実している？

この20年間における米国株式市場で最も成長したのがＥＴＦ市場でしょう。何しろいまでは、**米国株式市場全体の取引高のうち、ＥＴＦが４割近くを占めるまでに成長**しています。

現在、米国のＥＴＦ市場で取引されているもののうち、人気の高い10銘柄（時価総額１００億ドル以上）は次のようになっています（２０２１年７月末時点における、過去３か月間の平均取引量による）。

1位……SPDR S&P500ETF（米国株式）
2位……ファイナンシャル・セレクト・セクター・SPDRファンド（米国金融株式）
3位……パワーシェアーズQQQ（米国株式）
4位……iシェアーズ・MSCI・エマージング・マーケット・ETF（新興国株式）
5位……プロシェアーズ・ウルトラプロQQQ（米国株式）
6位……エナジー・セレクト・セクター・SPDRファンド（米国資源株式）
7位……iシェアーズ・ラッセル2000・ETF（米国株式）
8位……iシェアーズ・シルバー・トラスト
9位……iシェアーズ・MSCI・EAFE・ETF（先進国株式）
10位……iシェアーズ・中国・ラージキャップ・ETF（中国株式）

日本と同様、米国のETFも信託報酬が非常に低いというメリットがあります。たとえば人気ランキングトップの「SPDR S&P500ETF」の年間信託報酬率は0・0945%です。また、一般的に新興国株式市場に連動させるETFは、相対的に信託報酬率が高めになりますが、たとえば「iシェアーズ・MSCI・エマージング・

マーケット・ＥＴＦ」の場合、年間０・70％です（２０２１年7月現在）。

もし、日本国内で設定・運用されているＥＴＦ以外のファンドを買うと、年間の信託報酬率が２％を超えるケースもあります。とくに新興国の株式市場に投資するなら、ＥＴＦを活用したほうがコストを抑えられるでしょう。

ここに挙げた、人気上位10本のＥＴＦ以外にも、米国の株式市場には、さまざまな種類のＥＴＦが上場・取引されています。

▼世界株式

北・中南米、ヨーロッパ、アフリカ、アジアと、世界のさまざまな国の株式市場に投資するＥＴＦです。米国や日本など先進国の代表的な株価インデックスに連動するものから、トルコ、中国、フィリピン、ベトナム、マレーシア、タイ、ブラジル、インドネシア、ロシアといった新興国の株価インデックスに連動するタイプまで揃っています。

▼世界地域

全世界に投資するタイプから、ヨーロッパ・南米・新興国に投資するタイプ、アジア・太平洋地域に投資するタイプなど、地域別に投資するＥＴＦです。

▼商品

代表的なものとしては、ＳＰＤＲゴールドシェアーズのように、金価格に連動するＥＴＦがあります。とくに金は、インフレリスクをヘッジしたり、あるいは地域紛争など国際情勢が不安定化したりしたときなどに買われる傾向があります。

また、金だけでなく銀やプラチナなど他の貴金属や、原油、灯油、ガソリン、天然ガスなどのエネルギー、トウモロコシや大豆、小麦などの農作物など、さまざまな種類の商品価格全体に連動するＥＴＦがあります。

従来、商品への投資は先物取引などを用いるのが一般的でしたが、先物取引はレバレッジが高いというリスクがあります。この点、ＥＴＦは現物株式と同じように、レバレッジがかからない状態での取引が可能になるため、投資リスクを相対的に低くすることができます。

▼債券

日本のＥＴＦ市場には、債券価格に連動するタイプのＥＴＦは、非常に少ないのが現状ですが、米国ＥＴＦ市場には、さまざまな種類の債券に投資できるＥＴＦが上場されています。たとえば、エマージング・マーケット債券、米国物価連動国債、投資適格社債、ハイイールド債、期間別の国債などが代表的なところです。ＥＴＦで、リスクをコントロールしながらポートフォリオを構築する場合などは、債券に連動するＥＴＦを一定割合組み入れる必要がありますので、とくに資産クラス分散投資を行う場合などは、有効な選択肢になります。

▼不動産

不動産企業の株式、あるいは不動産投資信託（ＲＥＩＴ）などに分散投資するＥＴＦです。米国の不動産だけでなく、世界中の不動産に分散投資するタイプなどもあります。

▼セクター

業種別の株式に投資するＥＴＦです。金融、アグリビジネス、クリーンエネルギー、医薬品、素材、エネルギー、資本財、テクノロジー、生活必需品、公共事業、ヘルスケア、鉱業など多岐にわたっています。Ｓ＆Ｐ５００など、株式市場全体に投資するＥＴＦをコアとして、その時々のマーケット状況に合わせて特定のセクターへの投資比率を高めたい場合などに活用します。

どんな注文の方法があるの？

成行や指値、逆指値など、日本の株式取引にさまざまな注文方法があるように、米国の株式市場にもさまざまな注文方法があります。

といっても**米国の株式市場も日本の株式市場も、注文方法などは基本的に同じ**です。違うとしたら、成行にしても指値にしても英語で表示されていることくらいでしょう。

もっとも、最初の取引では迷うこともあるので、簡単に説明しておきます。

▼マーケットオーダー

成行注文のことです。発注ボタンを押せば、そのときに表示されている株価に近いところで売り買いができます。

▼リミットオーダー

指値注文のことです。価格を指定して注文を発注します。相場によっては指定した価格で約定せず、注文が失効されることもあるので注意が必要です。

▼ストップオーダー

逆指値注文のことです。現在の株価よりも安いところで売り注文を出したり、高い株価で買い注文を出したりするのが逆指値注文です。要するに損失を限定させたり、マーケットの勢いに乗じて売買をするときなどに使う指値注文といってもよいでしょう。たとえば、現在の株価が10ドルのとき、保有している株に9ドルで売りの逆指値を入れておけば、株価が9ドルまで下落したときには、損失限定のための売り指値注文が執行されます。

ちなみにストップオーダーには、指値注文を出す「ストップリミットオーダー」に加え、その値段になったときに成行で注文を出す「ストップマーケットオーダー」があります。

後者の場合、その株価になったときに成行での注文が出されることになるため、マーケットが大きく動いている場合などは、想定外の株価で約定されてしまうケースもありますので注意が必要です。逆に、ストップリミットオーダーは約定しないケースもあるので、確実にポジションを解消したいときには不向きです。どちらを使うかは、相場の状況などに応じて考えたいところです。

▼注文期日について

前記の注文については、有効期限を指定することができます。

・Day……発注当日のみ有効で、約定しなくても翌営業日に注文が持ち込まれません。成行注文の場合はすべてこの注文期日になります。

・GTC（Good till cancel）……キャンセルされるまで無期限に有効です。マネックス証券では、GTCを指定すると90日間有効な注文となります。

・GTD（Good till date）……指定日まで有効です。マネックス証券では90日先までの範囲で指定日を決めることができます。

注目するべき経済指標は？

企業業績はいうまでもありませんが、さまざまな経済環境の変化によって株価は値上がり・値下がりを繰り返します。

経済環境の変化を読み込むためには、**米国政府が公表している経済指標に注目するとよいでしょう**。最近はインターネットで、比較的簡単に米国の経済指標を入手できるようになりました。

経済指標をみるときは、**目先の数字の上下だけでなく、トレンドをみることが大切**です。当月の数字が、前月あるいは前年同月に比べて上がったのか、それとも下がったのかということだけで景気の良し悪しを判断することはむずかしいでしょう。なぜなら、多くの場合、経済指標には短期のブレがあるからです。したがって、継続的に数字をウォッチして、中長期的なトレンドをとらえることがポイントです。

▼GDP統計

四半期ベースで公表されるため、速報性はありませんが、経済全体の流れをみるには最適な指標です。GDPとは国内総生産のことで、その名のとおり、一定期間内に米国国内で生み出された財・サービスの総額を示しています。1、4、7、10月に速報値、2、5、8、11月に改定値、3、6、9、12月に確報値が発表されます。「速報値↓改定値↓確報値」というように数字の見直しが行われるため、前年同期比の増減率をみても、あまり意味はないでしょう。短期的な景気変動を把握するよりも、中長期的な経済規模のトレンドを把握するのに役立ちます。

▼消費者物価指数

物価の動向を把握するための指標で、毎月15日前後に発表されます。インフレが生じるとＦＲＢの金融政策に影響を及ぼすため、注目されます。消費者物価指数というのは、まさに最終消費者がモノやサービスを購入する際の物価ですから、消費者物価指数が上昇したとすると、最終消費者レベルまで物価上昇圧力が高まっているということで、金融引締め政策をとる可能性が一段と高まります。ただ、傾向を先取りするマーケットは、消費者物価指数が上昇に転じたかどうかの前に、ＧＤＰデフレーターなどを重視する傾向があるため、株価などにすぐ影響することはありません。

▼雇用統計

さまざまな経済統計のなかでも、最も注目度の高いもののひとつです。米国では経済活動全体に占める個人消費の割合が非常に高いため、個人消費の先行きに影響を及ぼす雇用統計が注目されるのは、当然です。なかでも、「非農業部門雇用者数」と「失業率」

の数字に注目が集まります。発表は毎月第一金曜日。このときは株価だけでなく、為替レートにも大きな影響を及ぼします。基本的に非農業部門雇用者数の数字が上がる一方、失業率が低下すると、これから先、雇用情勢は好転し、個人消費の意欲が高まると判断され、株価にとってはプラスの影響を及ぼすことが多くあります。逆に、非農業部門雇用者数が減少し、失業率が上昇すると、個人消費はこの先、落ち込むという見通しから、株価は下落しやすくなります。

▼新規失業保険申請件数

失業保険の申請を出した人の数を示す経済統計です。これも雇用統計と同じく、個人消費の動向をみるうえで役にたちます。失業保険の申請件数がふえたということは、それだけ雇用情勢が悪化していることであり、個人消費を後退させる恐れが生じてきます。当然、株価にとってはマイナス要因です。毎週木曜日に発表されるため、速報性が高いという点もポイントのひとつです。

ちなみに、40万件が雇用創出の分岐点とみられており、この数字を超えると雇用情勢は厳しく、下回ると雇用情勢は好転していると判断されます。景気のピーク、ボトムに対して2～3か月程度の先行性があるといわれています。

▼ＩＳＭ指数

毎月第一営業日に公表される経済指標で、製造業約３５０社の購買担当役員に対して行われるアンケート調査をベースにして作成されます。生産、新規受注、入荷遅延比率、在庫、雇用の各項目に関して、前月との比較で「よい」「変わらない」「悪い」の三択で回答を得て、作成されます。指数が50を割り込むと景気後退、超えると景気回復を示すといわれています。景気転換の先行指数として、マーケットからの注目度も極めて高い経済指標です。しかも、数字の発表が毎月第一営業日になるため、あらゆる経済指標のなかでも、最も早く発表される点も、注目度が高まる原因のひとつです。

▼シカゴ購買部協会指数

ＩＳＭ指数と同様、製造業の景況感を把握するのに役立つ経済指標です。シカゴに限定された指標ではありますが、直接インタビューを行って作成される経済指標になるため、重視されています。基本的にこの数字が上昇すると、製造業の設備投資意欲が高まっていく傾向がみられます。また、ＩＳＭ指数の前日に公表されることから、ＩＳＭ指数の先行指標という役割もあります。基本的に、この数字が50を超えてくると、製造業の景況感が好転する傾向がみられます。

▼フィラデルフィア連銀指数

製造業の景況感を把握するための経済指標のひとつです。フィラデルフィア連銀が管轄する地区のみの統計ではありますが、全国区の景況感を示すＩＳＭ指数との連関性が高いといわれています。これと似たものにニューヨーク連銀指数がありますが、マーケットの注目度はフィラデルフィア連銀指数のほうが高い傾向があります。毎月第三木曜日の発表になります。

▼ニューヨーク連銀指数

ニューヨーク地区の製造業の景況感を示しています。公表は毎月15日で、とくに雇用や新規受注の数字が注目されます。フィラデルフィア連銀指数のほうが歴史が長いため、マーケットでの注目度はそちらのほうが高いのですが、フィラデルフィア連銀指数よりも早めに公表されるため、最近はマーケットでの注目が高まってきています。製造業の景況感を把握するにあたっては、まずニューヨーク連銀指数でおおまかな方向性を判断し、その後に公表されるフィラデルフィア連銀指数でコンセンサスを形成。ＩＳＭ指数で確認するという流れになります。

▼鉱工業生産指数

毎月14〜17日に発表される経済指標で、製造部門の生産動向を指数化したものです。

景気全般との関係性が深いのが特徴です。GDPが四半期発表であるのに対し、鉱工業生産指数は月次発表になるため、景気動向全般の先行指標として注目されます。米国経済全体に占める製造業の比率は2割程度ですが、景気循環の始まりは製造業からになるため、景気の回復局面入り、あるいは後退局面入りする転換点を把握するのに役立ちます。ただ、ＧＤＰと比べて振れ幅が大きくなる傾向があるため、ある程度の期間、ならしてみるようにするのがポイントです。

▼ミシガン大学消費者マインド指数

１９６６年を１００として消費者マインドを指数化し、ミシガン大学が発表しているもので、毎月第2、もしくは第3金曜日に発表されます。消費者信頼感指数とともに、消費者マインドを探るための代表的な指数です。消費者信頼感指数よりも早く公表されるため、消費者マインドを早めに把握するための材料になります。米国は個人消費がＧ

DPの約7割を占めるため、消費者マインドの高低は景気動向全体に大きな影響を及ぼすとともに、株価に与える影響も大きくなります。

▼住宅着工件数

個人消費の動向を把握するうえで重要な指標のひとつです。毎月第3週に発表されます。該当月に建築が着工された住宅の件数を示したもので、景気動向に対して敏感に反応するため、マーケットでの注目度も高くなります。具体的には住宅建設が活発になると、家電や電化製品を新調するケースが多いため、それが個人消費を活性化させることに結びつきます。ただ、天候の変化による影響も大きいため、全体のトレンドを把握するためには、3か月の移動平均で判断するのがよいとされています。

▼新築住宅販売高

該当月に販売された新築住宅件数で、毎月29日から翌月4日にかけて公表されます。景気動向に対して最も先行性の高いもののひとつといわれています。住宅着工件数と同様、住宅購入の動向は、家具や家電製品など他の製品販売に及ぼす影響が大きいため、個人消費を左右します。

▼中古住宅販売高

他の住宅関連統計と同様、中古住宅販売高も景気の先行指標として重要な統計のひとつです。発表は毎月25日前後で、該当月に所有権の移転が完了した中古住宅の販売件数をカウントします。新築住宅販売高は契約書にサインした時点でカウントされるのに対し、中古住宅販売高は所有権が移転した時点でカウントされるため、中古住宅販売高は新築住宅販売高に対して30〜60日程度、遅行します。

第6章

ネット証券で始める米国株投資

ネット証券にはメリットがたくさん

米国株式の取引を行うにあたっては、まず米国株式を扱っている証券会社に口座を開く必要があります。

ここ10年以上の流れは金融自由化であり、銀行が保険商品や投資信託を販売していますが、米国株式はさすがに銀行も扱うことができません。株式の売買注文を取り次げるのは、証券会社の専売特許です。

そこで、米国株式に投資してみたいという方は、証券会社に口座を開くことになるわけですが、ここで注意しなければいけない点がいくつかあります。

証券会社といっても、**インターネットを通じて売買注文を出すことのできるネット証券会社と、対面での取引が中心の対面営業型証券会社の2つがあります。**対面営業型証券会社とは、支店があって、カウンターの奥に社員がいて、その社員に注文を口頭で伝えたり、あるいは電話で担当者に注文を伝えたりして、取引を成立させる証券会社です。

ネット証券でも、対面営業型証券でも、米国株式を取り扱っている会社はありますが、両者を比較すると、**米国株式の取引はネット証券会社が適している**と考えられる点が多くあります。何しろネット証券なら、基本的に**24時間取引が可能**なので、夜間でも米国市場にアクセスしてリアルタイムトレードができるのです。

それではマネックス証券の例でくわしく説明していきましょう。

米国の取引時間をフルカバー

前述のとおり、米国の株式市場は、ニューヨーク証券取引所（NYSE）とナスダック（NASDAQ）が二大株式市場です。この両市場の取引時間は、現地時間9時30分から16時までです。

時差を考慮すると、夏時間の場合で日本時間の22時30分から翌日5時までが、冬時間の場合で23時30分から翌日6時までが、この時間帯に該当します。

しかし、**マネックス証券の取引時間は、夏時間の場合で21時から翌日9時、冬時間の場合は22時から翌日10時までとなっています**（図6-1）。これは、プレ・マーケットとアフター・マーケットという時間外取引に対応しているためのものです。

図6-1　米国株の取引時間

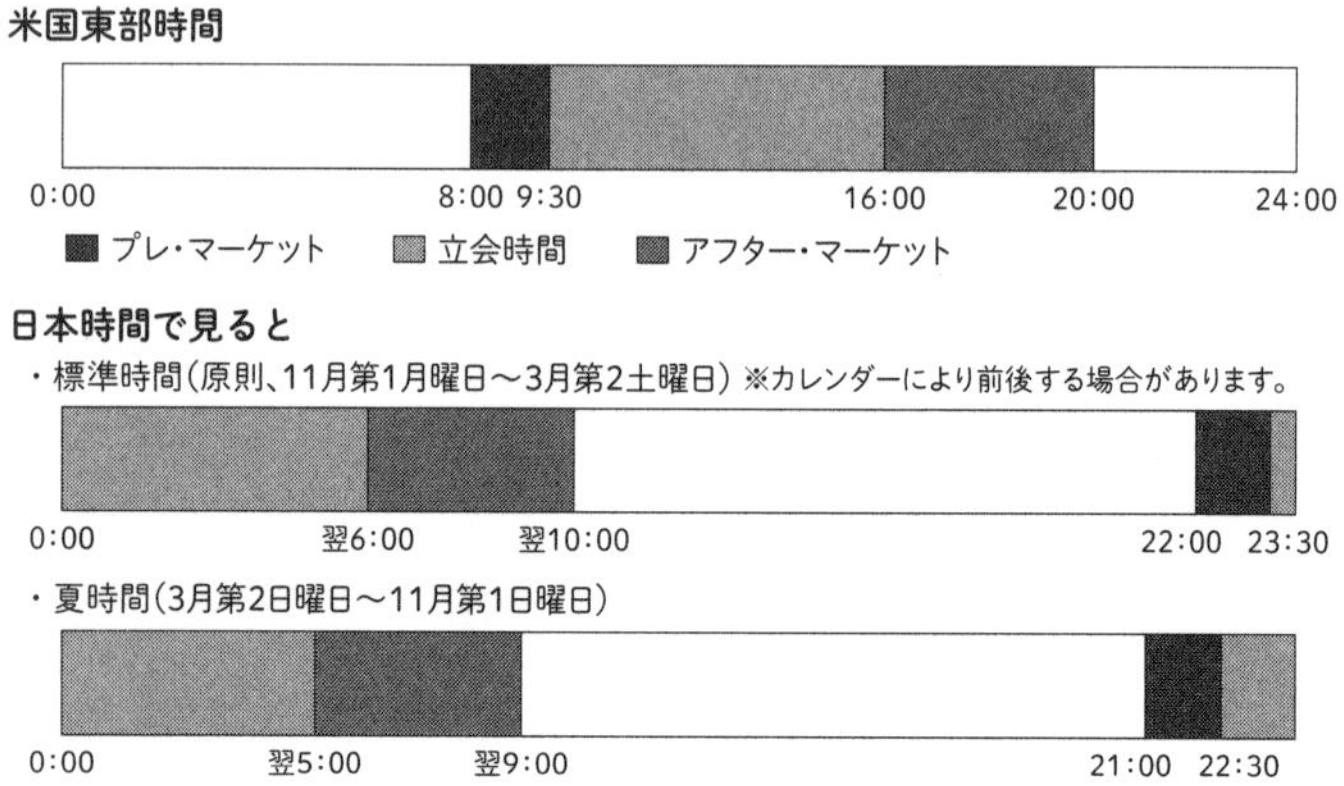

米国の証券市場は、寄付前の1時間半と大引後の4時間を時間外取引として、立会時間の前後も市場で売買できる仕組みになっています。

なぜプレ・マーケットが設けられているのかというと、**寄付時点での価格形成を、できるだけ混乱させないため**です。寄付の時点で大量の買い注文や売り注文が入ってくると、マーケットがオープンした時点で株価が乱高下する恐れがあります。プレ・マーケットを設けることによって、マーケットが正式に開くまでに注文の地ならしをしておくのです。

また、**アフター・マーケットの利用で、決算発表などによる立会時間終了後の大きな値動きの取引機会を得ることも可能**です。アフター・マーケットの時間帯は、現地時間16～

20時です。ちょうどこの時間に一部の経済指標の発表などが行われています。

つまり、アフター・マーケットがあると、たとえば経済指標が非常に悪く、マーケットが大きく下げそうなときに、翌営業日の寄付まで待たずに素早く保有銘柄を売却する、といったことができるのです。

また、プレ・マーケット、アフター・マーケットに対応することで、日本時間で比較的取引しやすい時間に米国株式市場にアクセスすることが可能です。日中に仕事をされている方など、一晩中起きている必要が軽減されるのは利点ではないでしょうか。

ちなみに、**米国株取引の取り扱いをしている主要ネット証券（SBI証券、楽天証券、マネックス証券）のなかで、プレ・マーケット、アフター・マーケットに対応しているのはマネックス証券だけ**です（2021年7月現在）。

証券総合取引口座の開設と同時に米国株を売買できる

米国株式の取引をスタートさせるためには、まず証券会社に口座を開く必要があります。

以前、米国株式をはじめとする外国株式の取引を行う場合は、証券総合取引口座の開設手続きのあとで別途、外国株取引口座の開設手続きをとる必要があったのですが、マネックス証券では2020年3月16日以降に証券総合取引口座を開設した人は、証券総合取引口座の開設と同時に自動的に外国株取引口座も開設した形になるので、**証券総合取引口座を開設するだけで米国株式の売買ができるようになりました。**

個人が新規でマネックス証券に証券総合取引口座を開く場合の手順について説明しましょう。

これもかつては郵送による口座開設が一般的でしたが、最近では**書類郵送が不要で、スピーディーに口座が開設できるオンライン口座開設が可能になりました**（図6−2）。

オンライン口座開設に必要な書類は「マイナンバーカード」か、マイナンバーカードを発行していない場合は「運転免許証」と「通知カード」の両方を用意してください。いずれもコピーではなく、原本であることが必要です。

本人確認は運転免許証など本人確認書類の撮影と、スマートフォンで顔を撮影もしくは三菱ＵＦＪダイレクトへのログインで行うことができます。

まずは、口座開設手続きのページから「お申込みフォームへ」のボタンを押して任意

図６−２　口座開設のステップ

のメールアドレスを登録します。登録後、指定したメールアドレスに開設通知メールが送られてきます。このメールに記載されているＵＲＬをクリックすると、氏名や性別、生年月日といった基本情報の入力画面が現れますので、それに必要事項を入力してください。

基本情報の入力が終わったら、本人確認書類の提出です。前述したように、マネックス証券が本人確認書類として認めているのは、「マイナンバーカード」か、マイナンバーカードを持っていない場合は「運転免許証」と「通知カード」の両方提示です。

本人確認書類の提出が終わったら、自分の顔をスマートフォンで撮影してアップロードするか、マネックス証券の口座開設前に三菱ＵＦＪダイレクトの口座を持っている人は、そこへのログインによって申し込み手続きが完了します。もちろん、三菱ＵＦＪダイレクトの口座を持っていない人は、マネックス証券の顔認証の手続きが必要です。

以上の手続きがすべて終わると、手続きに不備が無ければ、翌営業日以降にログインIDやパスワードが記載された「証券総合取引口座開設完了のお知らせ」メールが届きます。それが届いたら取引をスタートできるので、各人、口座に入金して取引開始となります。

なお、次の事項に該当する人はオンラインによる口座開設ができないので、多少時間はかかりますが、郵送による口座開設を行います。

①未成年
②マイナンバーカードおよび運転免許証を持っていない人
③外国籍または米国居住者（永住権保有者および米国滞在日数が１８３日以上の人）
④居住地国（課税上の住所がある国）が日本以外にある人

以上の手続きを経て証券総合取引口座を開設できた時点で、外国株取引口座も開設されますので、そのまま米国株式の取引ができます（米国法令上、米国人・グリーンカード保有者（米国永住権所有者・米国居住者）の米国株取引は制限されています）。

外国株式の場合は、証券総合取引口座から直接、買付資金を回すことができません。

証券総合取引口座に預けてある円建て資金をいったん、ドルに替える必要があるのです。具体的には「外貨お預り金」という形をとることになります。

外貨お預り金はあくまでも外貨でキャッシュを預かっているだけなので、残念ながら金利などは付きませんが、米国株式を買い付けるためには「外貨お預り金」が必要なので、**外国株取引口座を開設したら、米国株式に投資するのに必要な金額を、ドルに替えておいたほうがよい**でしょう。

ちなみに、「円→ドル」「ドル→円」という、ドルと円の為替取引に適用される為替レートは、2021年7月現在、原則として14時30分から15時に決まります。

もし、手持ちの円をドルに交換する場合は、この時間のレートで為替取引が行われ、それが外国株取引口座の「買付余力」に反映されます。この買付余力の範囲内で、米国株式の売買ができることになります。

なお、円からドルに替えた投資資金が、外国株取引口座の買付余力に反映されるのは、19時30分前後（冬時間の適用時は20時30分前後）です。

つまり、次のような流れになります（冬時間の場合は、為替レート決定時間を除いて、すべて1時間後)。

①当日の注文受付時間中(12時〜14時20分)に、円をドルに替えるための手続きを行う
②14時30分から15時にドル/円の為替レートが決まる
③19時30分ごろに、外国株取引口座の買い余力に反映される
④21時からプレ・マーケットでの取引スタート
⑤22時30分から取引所での本取引がスタート

格安の手数料で取引しよう!

米国株式の売買手数料は、ネット証券会社でも1000株までの取引を前提にした場合、1注文につき25ドル前後の手数料を取っていたときもありました。

でも、それも**いまではネット証券会社を中心にして大幅に引き下げられてきました。**

ちなみにマネックス証券で米国株式を売買したときの売買手数料は、1取引について約定代金の0・495%(税込み)となっています。

以前は最低手数料として5ドルを取っていましたが、いまではそれも撤廃され、約定代金に対して０・４９５％の手数料で済みます（約定代金０・11ドル以下は無料です）。仮に約定代金が１００ドルの場合だと、手数料は０・４９５ドルです。１ドル＝１００円だとしたら、手数料は49円50銭になります。

また、最大の手数料は22ドル（税込み）です。約定代金が１万ドルの場合、０・４９５％の手数料率を適用すると手数料の額は49・5ドルになりますが、最大手数料が22ドルなので、この場合は22ドルが適用されます。つまり、約定代金の大きな取引になるほど、手数料はお得になるのです。

なお、売却する際はこの売買手数料に「現地取引費用」が上乗せされます。料率は売却時の約定代金１ドルにつき０・００００５１ドルで、最低０・01ドルになります。約定代金が１万ドルでも現地取引費用は０・０５１ドルなので、上乗せ費用にはなりますが、それほど大きな負担にはなりません。

それと米国株式を売買する際には、これら売買手数料に加えて外国為替取引の手数料もかかります。外貨預金などの場合は、円を外貨に替えて預けるとき、外貨を円に替えて引き出すときの往復で外国為替取引手数料がかかってきますが、マネックス証券で米国株式を売買する際には、買付時に円をドルに替える際には手数料はかからず、売却時にドルを円に替える場合は、１ドルにつき25銭がかかってきます（２０２１年7月現在）。なお、外国為替取引手数料はその時々の為替変動などを考慮して、定期的に見直されており、状況次第では買付時の外国為替取引手数料が有料になることもあるので注意してください。

取扱銘柄は４２００銘柄以上！ 米国ならではの企業を探そう

マネックス証券を通じて投資できる米国株式の数は、ＥＴＦなども合わせて４２００銘柄以上と非常に豊富です。**投資にとって重要な要素のひとつは、たくさんの選択肢があること**です。新聞や雑誌、テレビなどのメディアを通じて得られた情報をもとに、どのような銘柄に投資するか考えたとき、選択できる銘柄が多いほうが、投資のアイデアがより多く生まれると考えられますし、それだけ投資機会もふえるでしょう。この銘柄を取引したいと思ったときに、取引できる環境にあるということが、米国株式をはじめとする海外株式取引には重要だといえます。

ただ、選択肢が多いということは、メリットである反面、デメリットとも背中合わせです。あまりにも選択肢が多くあるので、なかなか選べないということになりかねないのです。

たとえば東京証券取引所に上場されている銘柄数は３７８７銘柄（２０２１年7月現在）ですが、どんな企業が上場されていて、その企業は何をビジネスにしているのか、といったことをつぶさに把握している人は、まずいないと思います。それはおそらく、マネックス証券で取引できる米国株式でも同じでしょう。４２００銘柄といえばかなりの銘柄数ですし、何しろ米国株式ですから、日本で生活しているなかで一生名前を聞かずに終わるような企業も、たくさんあるはずです。

でも、もう一度よく皆さんの身の回りを見渡してみてください。米国企業って結構、身近なところにたくさんありませんか。

グーグルやアップル、アマゾン、ネットフリックスが提供しているサービスを日常使いにしている人は少なくないでしょう。

コカ・コーラ、飲みますよね。お財布の中にＶＩＳＡカードが入っていませんか。ディズニーランドが大好きという人もいるでしょうし、休日のジョギングでナイキのシューズを履いている人も多いでしょう。家に帰れば、日用品にP＆Gやジョンソン・エンド・ジョンソンの製品がたくさんあるのではないでしょうか。そうそう、時節柄、申し上げれば、新型コロナウイルスワクチンを開発しているファイザーは米国企業です。

このように**私たちが普段から使っている製品、サービスは、純日本製のものだけでなく、数多くの米国製もある**のです。

ですから、「外国企業は土地勘が働かないから投資しにくい」というのは、少なくとも米国企業にはあてはまりません。こうして挙げていくと、皆さんが知っている米国企業は、意外とたくさんあるはずなのです。つまり**米国株投資は、皆さんが思っているほどハードルが高いものではない**のです。

また、**米国株式投資の面白さは、じつはあまり知られていないけれども、その分野において物凄いシェアを持っているような企業がたくさんあること**です。

もちろん初めて米国株式に投資するのであれば、前出のような、誰もが知っている有名企業から選ぶのが無難ですが、米国の上場企業を調べていくと、日本の株式市場では投資できないような業種、ビジネスの企業が結構あるのです。

たとえば「航空宇宙」とか「防衛」は、もちろん日本企業でも三菱重工業や川崎重工業、ＩＨＩ、富士通、三菱電機などが防衛産業として知られていますが、いずれも防衛産業がメインではありません。

でも、米国企業の場合、軍事部門の売上比率が非常に大きな企業があります。ボーイングといえば、ジェット旅客機など民需のイメージが強いと思いますが、売上高ベースでみれば全体の４割が軍事部門によるものです。またロッキード・マーチンになると、軍事向けの売上高比率は８割に達します。

その他にもカジノを運営している会社、米大陸をたくさんの荷物を積んで走るトレーラーを造っている会社、プールのメンテナンス用品を販売している会社など、なかなか日本の上場企業には見られない、変わったビジネスを手掛けている企業が結構あるのです。そして、こういった企業の株価が、じつは意外と大きく伸びているケースがあります。たとえば、プールのメンテナンス用品を扱っている「プールコーポレーション」の株価は、１９９５年から直近で４００倍にもなりました。１００万円が４億円になったようなものです。

このように、地味だけれども米国経済のファンダメンタルズの強さを反映して株価が大きく上昇している企業はたくさんあります。**日本ではほとんど知られていない企業でも、それを綿密に探して見つける楽しみが、米国株式にはある**のです。

（マネックス証券米国株担当チーム）

第7章

米国株投資お役立ちツール

取引チャンスを逃さないための便利な機能

マネックス証券で米国株式を取引する際の投資環境は、**日本企業の株式を取引する際のそれとほとんど変わらないところまで充実してきました。**その特徴としては、「取引チャンスを逃さないための4つの機能」を持たせていることです。その4つの機能とは、

①時間外取引
②豊富な注文方法
③銘柄スカウター米国株
④TradeStation米国株　スマートフォンアプリ

以上の4つから構成されています。

それぞれについて詳しく説明していきましょう。ただ、時間外取引については第6章で詳しく説明しているので、本章での説明は割愛します。また、豊富な注文方法につい

ても、第5章で触れているので、本章では「銘柄スカウター米国株」から説明しましょう。

▼銘柄スカウター米国株

もともと日本株分析ツール「銘柄スカウター」というサービスがあり、非常に好評だったため、その米国株版をリリースしました。

具体的には、米国上場企業の分析に利用できる無料サービスで、米国株投資の銘柄選定に必要な、さまざまな機能が実装されています。利用する際には、マネックス証券の「証券総合取引口座」の開設に加え、「外国株取引口座」の開設が必要です。そのうえで、外国株取引口座の管理サイトにログインし、トップページ上の「銘柄スカウター米国株」ボタンを押せば利用できます。

実装されている機能ですが、まず**過去10期以上の企業売上高や営業利益などの重要な業績をグラフ表示できます。**

加えて前期比の増減率を表示したり、10年前を100として指数化したりなど、さまざまな表示機能を備えています。10期以上にわたって業績動向が表示されるので、企業の長期的な成長具合を把握できます（図7-1）。

図7−1　銘柄スカウター米国株

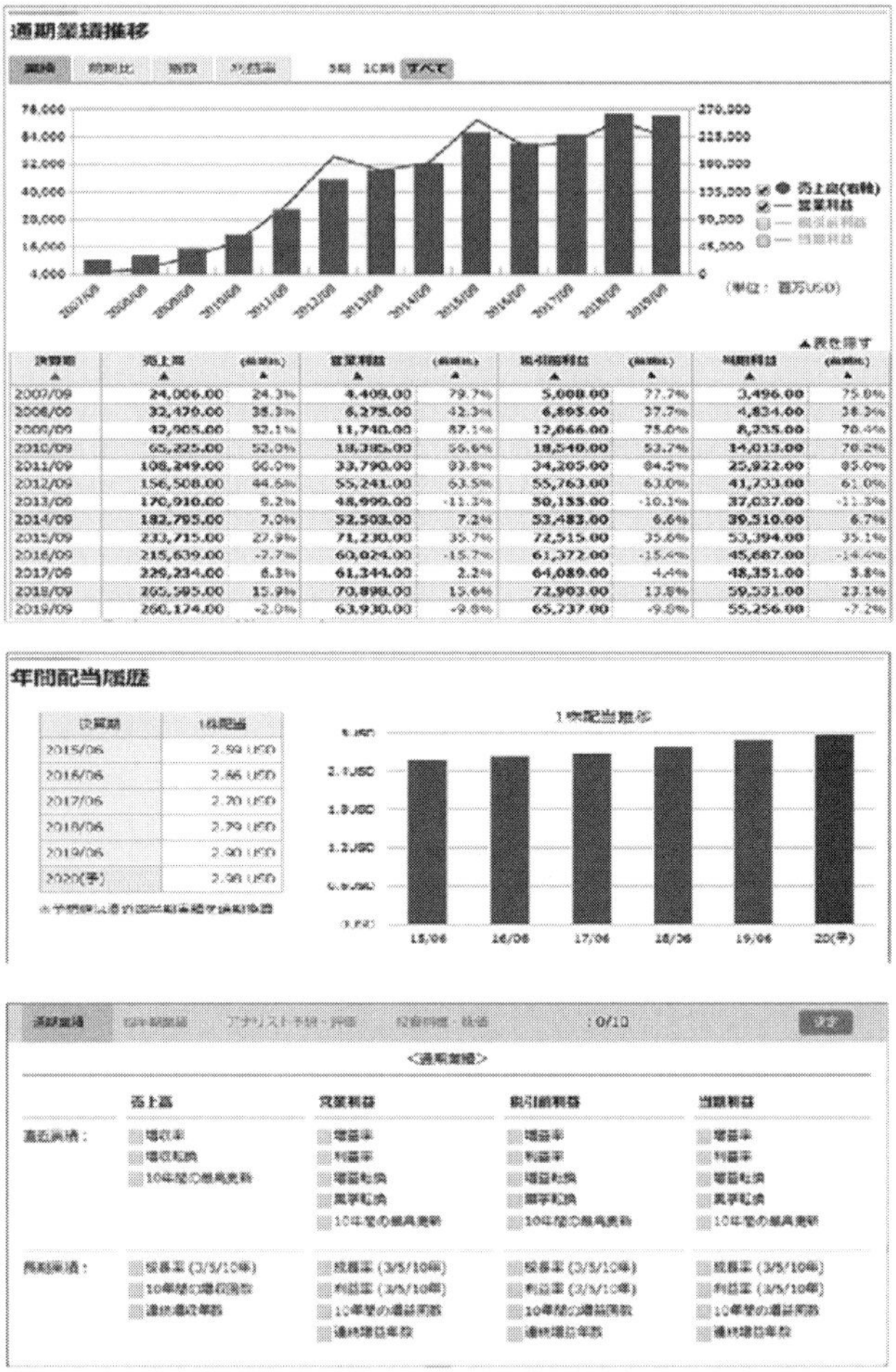

決算期	売上高	(前期比)	営業利益	(前期比)	税引前利益	(前期比)	当期利益	(前期比)
2007/09	24,006.00	24.3%	4,409.00	79.7%	5,008.00	77.7%	3,496.00	75.8%
2008/09	32,479.00	35.3%	6,275.00	42.3%	6,895.00	37.7%	4,834.00	38.3%
2009/09	42,905.00	32.1%	11,740.00	87.1%	12,066.00	75.0%	8,235.00	70.4%
2010/09	65,225.00	52.0%	18,385.00	56.6%	18,540.00	53.7%	14,013.00	70.2%
2011/09	108,249.00	66.0%	33,790.00	83.8%	34,205.00	84.5%	25,922.00	85.0%
2012/09	156,508.00	44.6%	55,241.00	63.5%	55,763.00	63.0%	41,733.00	61.0%
2013/09	170,910.00	9.2%	48,999.00	-11.3%	50,155.00	-10.1%	37,037.00	-11.3%
2014/09	182,795.00	7.0%	52,503.00	7.2%	53,483.00	6.6%	39,510.00	6.7%
2015/09	233,715.00	27.9%	71,230.00	35.7%	72,515.00	35.6%	53,394.00	35.1%
2016/09	215,639.00	-7.7%	60,024.00	-15.7%	61,372.00	-15.4%	45,687.00	-14.4%
2017/09	229,234.00	6.3%	61,344.00	2.2%	64,089.00	4.4%	48,351.00	5.8%
2018/09	265,595.00	15.9%	70,898.00	15.6%	72,903.00	13.8%	59,531.00	23.1%
2019/09	260,174.00	-2.0%	63,930.00	-9.8%	65,737.00	-9.8%	55,256.00	-7.2%

決算期	1株配当
2015/06	2.59 USD
2016/06	2.66 USD
2017/06	2.70 USD
2018/06	2.79 USD
2019/06	2.90 USD
2020(予)	2.98 USD

また、直近の業績トレンドを把握するため、**3か月ごとの四半期業績も表示できます。**直近の業績トレンドですから、比較的短期の業績動向、株価動向を把握するのに役に立ちます。

配当金の表示も可能です。通期の配当金だけでなく、四半期の配当金も表示できます。米国企業は株主還元を重視するため、四半期ごとに配当金を出すだけでなく、配当金の額が連続で増額基調をたどっているところも少なくありません。

このように毎期の配当金が長期にわたって増額基調にある銘柄のことを「配当貴族銘柄」などと称しています。米国株式を長期間保有し、増配によって毎期大きな配当金を得ることも夢ではありません。**キャピタルゲインよりもインカムゲインを重視して銘柄を選ぶ投資家にとっては便利な機能**だと思います。

銘柄スカウター米国株には、他にも魅力的な機能がたくさんあります。

過去10年間の業績をスクリーニングできる「10年スクリーニング」では、過去10年間の増収回数、増益回数、平均増収率や平均増益率、過去10年間の平均利益率など、業績をベースにしたスクリーニングが可能です。これも長期的に成長を続けている米国企業を探し出すのに役立ちます。

その他、決算スケジュールで日々決算を迎える企業を確認できますし、気になる銘柄の一覧比較もできます。さらにダウ・ジョーンズが提供するニュースも読むことができます。米国株式に投資するのですから、米国発のニュースが重要であることは言うまでもありません。

これだけの情報があれば、日本株に投資するのと同じ感覚で米国株式にも投資できるでしょう。

なお、銘柄スカウター米国株は今の状態が完成形ではありません。常にアップデートが繰り返されています。お客様は実装してもらいたい機能などがあれば、それをリクエストできます。要望が多かった機能については、随時キャッチアップしていきます。

さらに、４２００銘柄以上のマネックス証券で売買できる米国株式も、投資家からの要望があれば新たに追加されていきます。どういう銘柄が追加されたのかについては、マネックス証券の米国株専門ツイッターで把握できます。

▼TradeStation米国株　スマートフォンアプリ

外出などで手元に自分のパソコンがない場合でも、**スマートフォンがあればレーダースクリーン（銘柄ボード）・チャート分析・チャート発注などの機能を利用できます**（図7−2）。

図７−２　TradeStation 米国株　スマートフォンアプリ

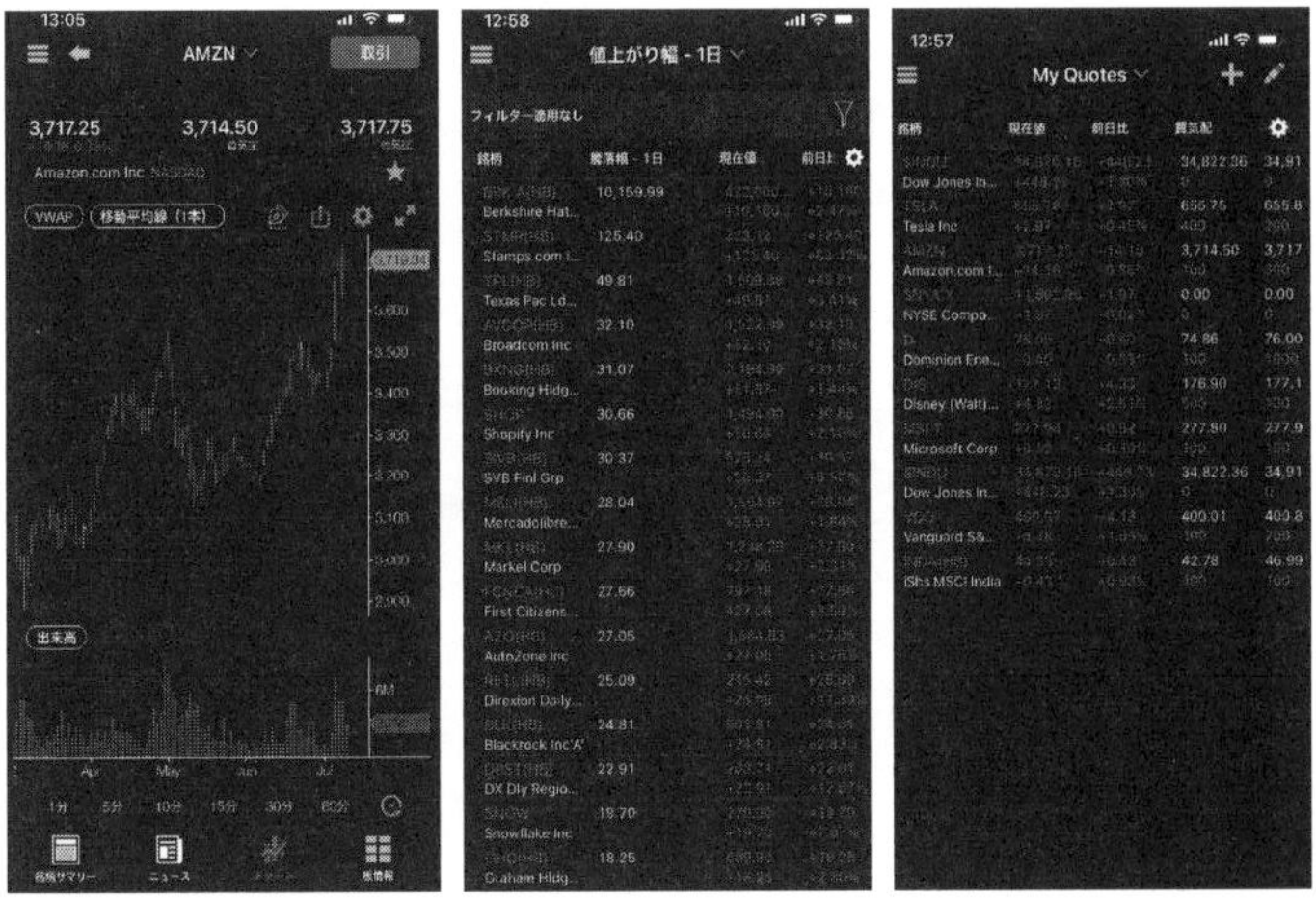

搭載されている機能はパソコン版と何の遜色もありません。レーダースクリーンには、１リスト35銘柄が登録可能で、リスト数に上限はありません。

またログイン時の指紋認証機能も搭載しているので、セキュリティが強化されるだけでなく、迅速なログインも可能になります。

さらにチャートについては、チャート分析機能に加えて、チャート上で発注も可能です。チャートに表示できる指標は、全部で27種類です（アンドロイド版は26種類）。板情報やランキング表示も可能なので、非常に便利です。

なお売買注文については、成行や指値などのスタンダード注文に加えて、逆指値注文や連続注文、トレーリングストップ注文など、これもパソコン版に近い機能を実装しています。

以上4つの機能に加え、2021年6月から新しく「米国株定期買付サービス」がスタートしましたので、説明しましょう。

▼米国株定期買付サービス

米国株定期買付サービスは、米国株式・ETFを定期的に買い付けるサービスです（図7－3）。買付のタイミングは、保有銘柄で配当金が支払われたときに同一銘柄を買い付ける「配当金再投資」と、お客様が選択した月内の所定の日付で買い付ける「日付指定・定期買付」のいずれかを選ぶことができます。

まず「配当金再投資サービス」ですが、これはお客様が指定した保有銘柄で配当金が支払われたとき、配当金の金額を上限に、同銘柄が買い付けられていきます。これによって、複利に近い運用ができます。長期的に資産を大きくふやしたいという人に向いています。

また、オプションの機能を利用すると、配当金額だけでは買付株数に端数が出る場合、

図7-3　米国株式定期買付サービス

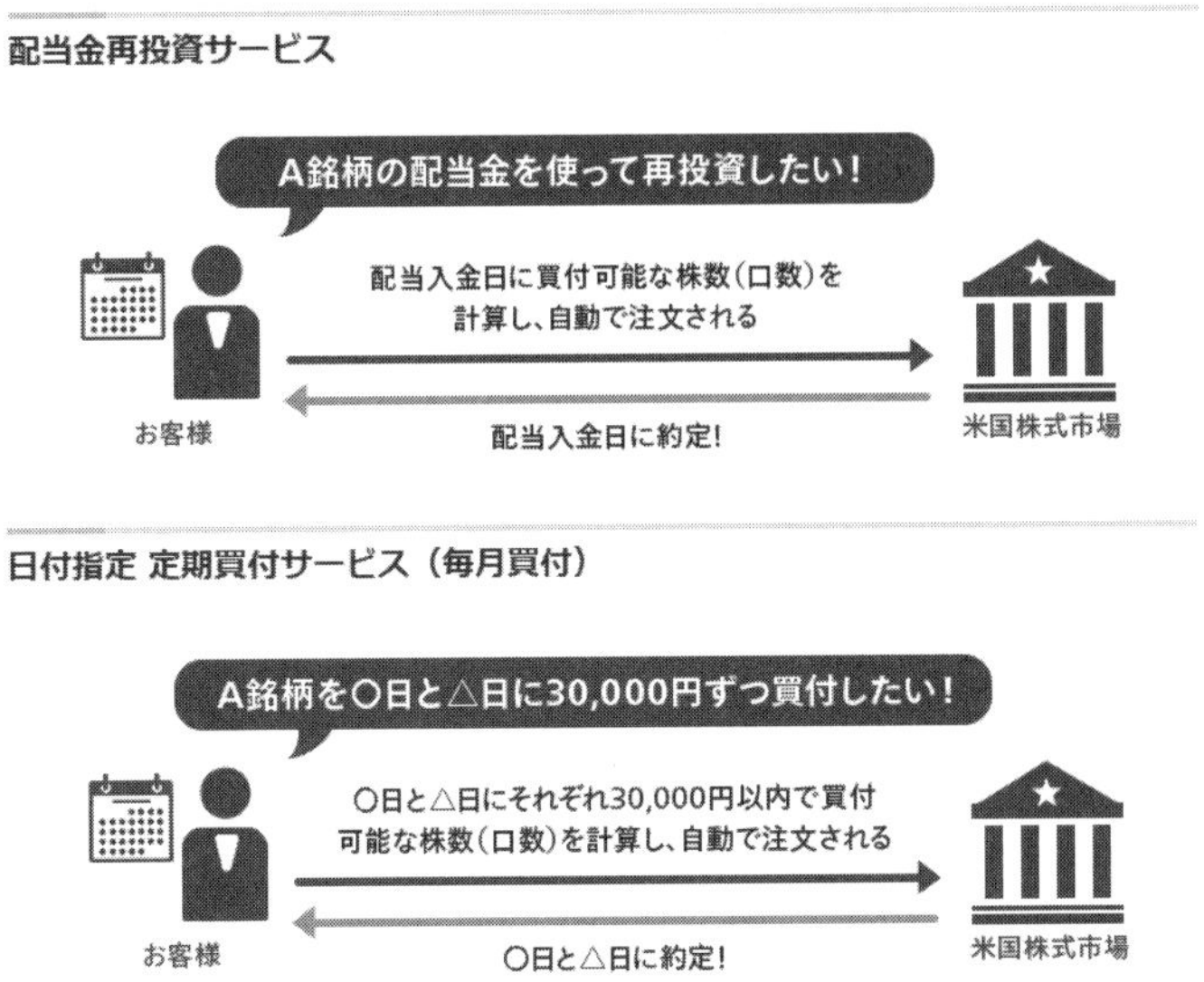

買付株数に対して不足する金額を預り金から自動で充当して買い付けます。たとえば、配当金額が1株の買付金額に満たない場合には、外国株口座の預り金を充当して、1株の発注を行うのです。

　次に、「日付指定・定期買付サービス」ですが、これはお客様が選択した毎月の日付および賞与月の日付に、あらかじめ指定した銘柄について、指定した金額を上限に買い付けていくサービスです。米国株式の積立投資なので、こちらも長期的に米国株式で資産形成をしていくのに便利なサービスです。

最新情報がわかる豊富なレポート配信

マネックス証券では米国株式関連の情報提供も非常に充実しています。

まずレポート類ですが、「ハッチ」ことマネックス証券チーフ・外国株コンサルタントの岡元兵八郎による「岡元兵八郎の米国株マスターへの道」を配信しています（図7―4）。いまの米国株式市場の現状、あるいは大きな動きがあったときなどは、そのバックグラウンドについて、非常にわかりやすく書かれています。

また、株価が急騰したり暴落したりしたときには、臨時のレポートが配信されます。

ハッチのレポートで注目したいのが、「特別インタビュー」です。株式市場で話題になっていることをテーマにして、ハッチが米国の識者にインタビューした内容が記事になっています。最近ですと「ＳＰＡＣ（特別買収目的会社）」について、オルタナティブ投資業界のグローバルリーダーであるクラース・Ｐ・バックス氏に、ハッチがさまざまな角度から話を聞いています。

図７−４　岡元兵八郎によるレポート

外部の執筆者ではファンドマネジャーの石原順氏による「石原順の米国株トレンド5銘柄」にも要注目です。こちらは米国株式市場や米国経済に関連したトピックスとともに、石原氏が注目している米国株式5銘柄が毎週ピックアップされています。

そして、もうひとつの定期配信コンテンツが、こころトレード研究所による「米国株決算レポート」です。こちらはとくにコラムが書かれているというわけではありませんが、決算発表予定一覧や、決算結果発表の内容が詳しく紹介されているので、投資したい銘柄、すでに投資している銘柄の決算を確認するのに役立ちます。

ちなみにこれらのレポートはマネックス証券が制作しているオウンドメディアである「マネクリ」に掲載されているものですが、このサイトはオープンサイトになっているので、**マネックス証券に口座を持っていない人でも自由にみることができる**という、実に太っ腹なコンテンツでもあります。

ユーチューブで配信される映像コンテンツ

さらにマネックス証券が提供しているコンテンツで注目したいのがセミナー関連です。

図7−5　オンラインセミナーはユーチューブでも配信される

毎月1回、前出のハッチが米国株式に関連した情報をわかりやすく解説するオンラインセミナーを開催しています。

　このセミナーでは原則、毎回「特別ゲスト」を招いて、ハッチと対談形式で米国株のホットニュースを話題にしたり疑問をぶつけたりするコーナーが設けられています。ゲストは毎回変わるので、さまざまな業界のタイムリーな話を聞くことができます。ゲストとの会話が英語の場合は、日本語字幕動画で配信されるので、英語ができないという人でも安心して視聴できます。

　またこのセミナーでは、米国TradeStation Groupのマーケットインテリジェンス部門副社長であるデイビッド・ラッセル氏が、米国の個人投資家の取引動向をレポートしています。

本セミナーの対象はマネックス証券に口座を持っている人なのですが、後日オンデマンド配信が行われ、それはユーチューブにアップされているので、マネックス証券に口座を持っていない人でもみることができます（図7−5）。

米国株式に関連した情報は、最近こそインターネットで集めることはできますが、映像で現地のスペシャリストが話す最新情報に触れるチャンスは、日本ではまだそれほど多くありません。その点でも、非常に貴重な情報源のひとつといっても良いでしょう。

「Q&Aセミナー」というコンテンツもあります。ライブ配信ではなく、オンデマンドでみることができます。内容はどちらかというと初心者向けで、投資家の皆さんから質問を募集し、それについてハッチが回答するという構成になっています。

マネックス投資力判断による ポートフォリオ分析

これはマネックス証券に口座を持っている人が無料で使えるツールです。**自分が持っている米国株式ポートフォリオの収益率や標準偏差を、株価インデックスや他の利用者**

図７−６　マネックス投資力判断

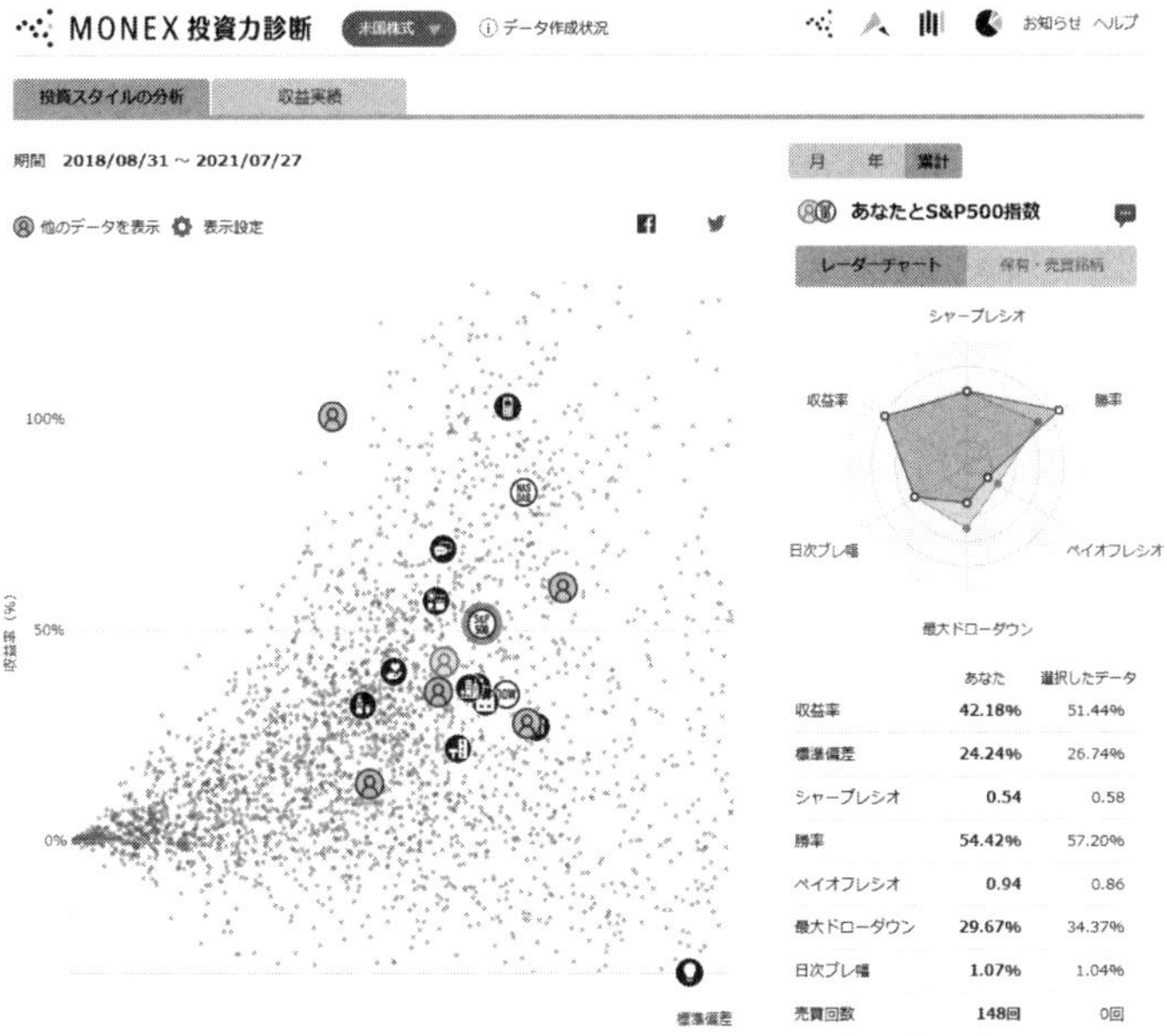

のパフォーマンスと比較できるというものです（図7−6）。このツールを活用することによって、自分自身の投資行動がマーケット上でどの位置にあるのかを相対的に把握できるようになっています。

情報収集から注文までできる取引画面

本章の最後に取引画面の主だったところについて解説しておきましょう。

米国株式の取引画面は「情報メニュー」と「チャート」、「注文バー含むその他の機能」から構成されています。

▼情報メニュー

「情報メニュー」（図7−7）は残高照会、お預り資産評価額、注文約定一覧、レーダースクリーンの4種類があり、起動したときには「レーダースクリーン」が表示されます。

「残高照会」は、保有銘柄や数量、参考取得単価、参考評価損益などを確認するため

図７-７　マネックス証券取引画面　情報メニュー

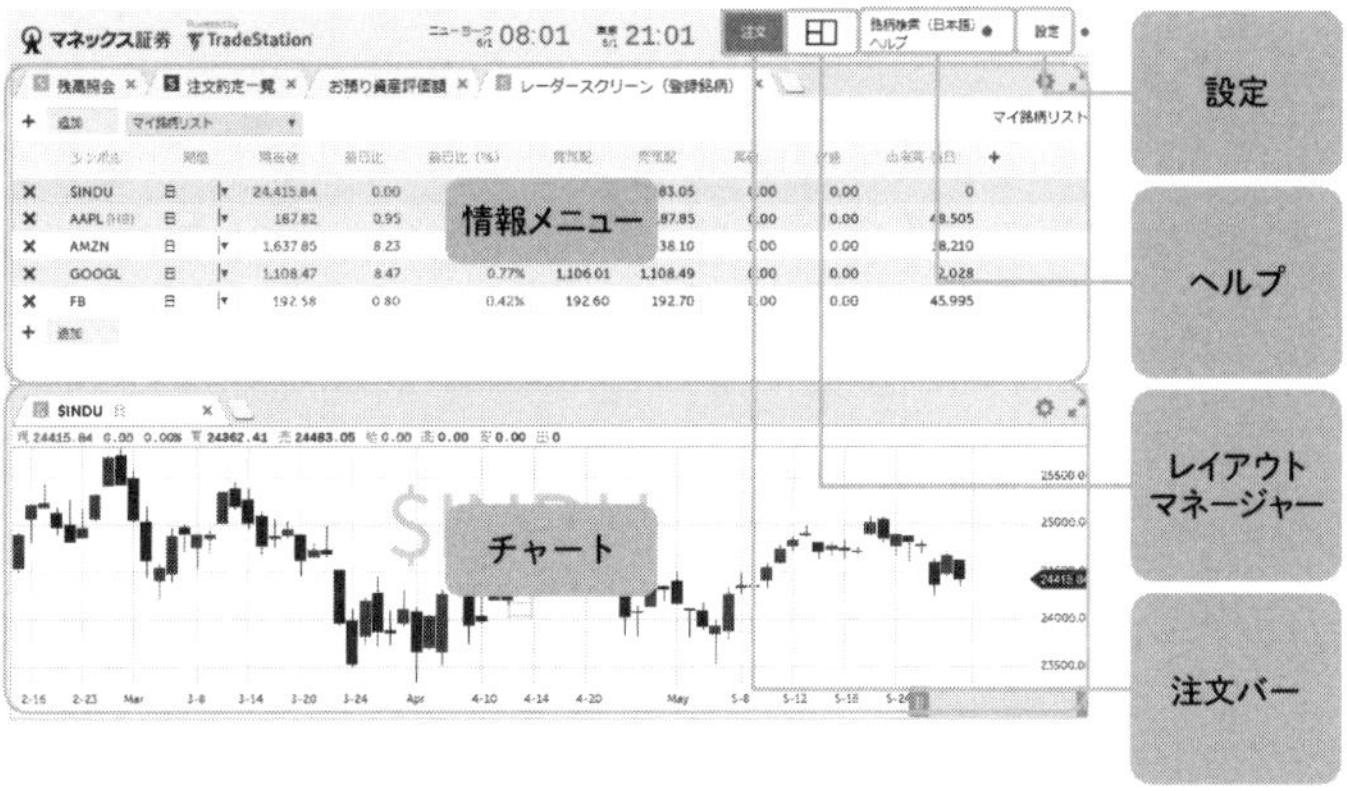

のもので、画面に表示する項目を自由に設定できます。

「お預り資産評価額」は米国株取引口座内のお預り資産評価額を確認するためのもので、現在の資産状況、評価額や買付可能額などが表示されます。

「注文約定一覧」は、約定状況や注文内容を確認するためのものです。

「レーダースクリーン」にはチェックしておきたい銘柄やインデックスを登録しておくことができます。これによって現在の株価をチェックできるだけでなく、テクニカル指標を登録しておくことで、現在の株価がテクニカル指標でどのような位置にあるのかを判断できます。登録できるテクニカル指標は最大20個までです。

▼チャート

チャートエリアには指定した銘柄の価格チャートなど価格情報が表示されます。チャートの表示期間を変更できる他、チャート上にトレンドラインなど独自の線を引くことができます。

チャートのタイプは自分の好みの表示タイプに変更できます。私たちに馴染みのあるのは「ローソク足」ですが、それ以外に始値、高値、安値、終値を1本の棒で表示した「四本値」、指定期間の終値をつなげた線の下部を塗りつぶした「エリア」、指定期間の終値をつなげた線で表示した「ライン」がそれです。

チャート上に表示するテクニカル指標は現在、「ＡＤＸ」や「ＤＭＩ」、「ボリンジャーバンド」、「ＭＡＣＤ」など40種類以上が用意されていて、このうち最大5個までを追加できます。

テクニカル指標はかなり高い確率で相場の転換点などを知らせてくれますが、絶対に正しいものはありません。時には「ダマシ」といって、まったく違うシグナルを出してくることもあります。なので、自分にとって使いやすいものをいくつか選んでおき、それを活用するようにしておくと良いでしょう。

図7−8　マネックス証券取引画面　注文バー

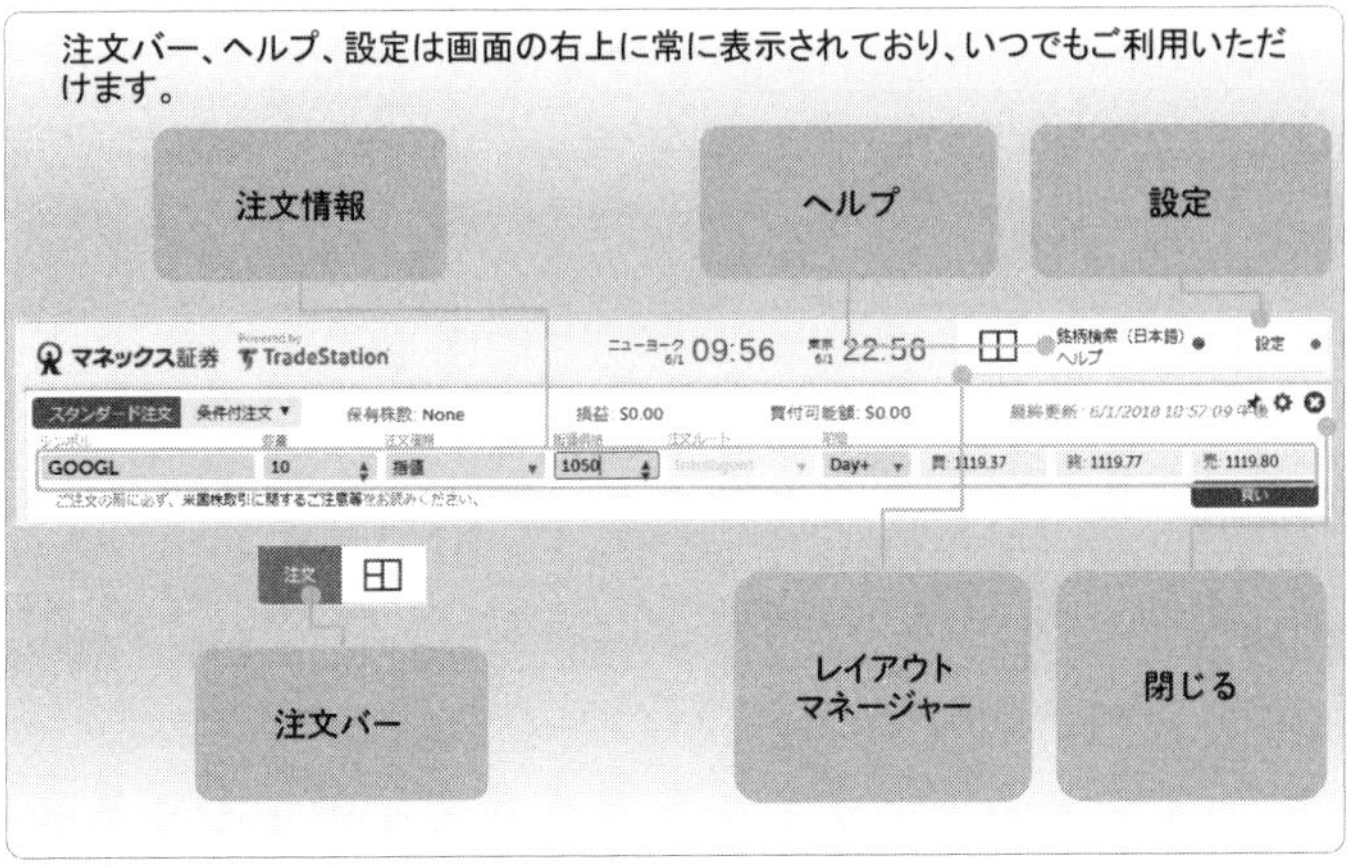

▼注文バー

銘柄の注文は、注文バーの画面で行います（図7−8）。まず銘柄を指定します。日本の株式は銘柄コードといって、数字4ケタで銘柄を特定させますが、米国株式の場合はティッカー・コードといって、アルファベットで特定させます。

「シンボル」枠にティッカー・コードかアルファベットの社名を1文字でも入力すると、候補銘柄がリスト表示されるので、そのリストから銘柄を選択することもできます。また、英語の社名がわからない場合は、注文バーの「銘柄検索（日本語）」で日本語検索も可能です。

次に注文の種類や数量（株数）、買い

注文、売り注文の別を確認して注文ボタンをクリックします。これで注文が完了です。

なお、ここに記載した取引画面の基本については、スマートフォンの取引画面もほぼ同じです。また、これは使い勝手の良さという点で特筆すべきことですが、スマートフォンのレーダーチャートはパソコンのレーダーチャートと連動して表示できるようになっています。

（マネックス証券米国株担当チーム）

第8章

米国株投資の税金とＮＩＳＡ

気をつけたい税金の話

ここからは気をつけたい税金についてお話しします。

米国株取引にかかる税金は、基本的には国内での株式取引と同じです。

２０２１年6月末現在の証券税制では、売却して得た利益（譲渡益）に対して本則では20・３１５％の税率がかかります。

また、個人投資家の確定申告の負担を軽減するために、「特定口座」という制度も導入され、広く利用されています。

また、配当金については源泉分離課税となっています。

米国株取引でも適用される税制は国内株式と同じですが、次の3点については注意が必要です。

- **他商品（国内株式など）と損益通算をするには、原則として確定申告が必要である。**
- **配当金は外国税額控除の対象になる（要確定申告）。**

・譲渡益や配当金はドルから円に換算する必要がある。

それでは、それぞれ説明していきましょう。

注意点①　損益通算・繰越控除を利用する

損益通算というのは、値上がり益が得られたA株式と、損失を被ったB株式があったとき、それぞれの損益を合算して申告できる制度のことです。

たとえば、Ａ株式の利益が１００万円、Ｂ株式の損失が70万円だったとすると、Ａ株式の利益である１００万円から、Ｂ株式の損失である70万円を差し引いて、残りの30万円を売却益として申告することになります。

損益通算は、複数に分かれている取引結果を通算できるので、同一証券会社内での取引だけではなく、数社にまたがって発生した損益についても有効です。たとえばマネックス証券で米国株式に投資する一方、別の証券会社で日本株に投資しているというケースでも、双方の口座で損益を通算することが可能です。

なお損益通算は、毎年1月1日から12月31日までの間に、実際に損益を確定させた分についてのみ、行えるものです。保有したままの銘柄の含み損益で、損益通算することはできません。

次に損失の繰越控除ですが、**たとえば２０２１年の確定申告で、損益通算をしてもなお１００万円の損失が残った場合、それを最大３年間繰り越すことができます。**

２０２２年の確定申告で、もし50万円の利益が出たとしても、繰り越した１００万円の損失で控除ができるため、その年の利益は０になり、税金を納める必要はなくなります。

さらに２０２３年の確定申告で20万円の利益が出たときも、繰り越した損失が50万円あるので、差し引きでは利益は０になり、この年も納税義務はありません。

このようにして3年間、つまり２０２４年の確定申告時までは、**損失を繰り越したうえで利益から控除できる**のです。

なお、米国株式で被った損益を、日本株の損益と損益通算し、繰り越すためには、国内の証券会社で取引していることが前提になります。たとえば米国株式を海外の証券会社で取引している場合は、損失の繰越控除はできなくなります。

注意点②
外国税額控除を活用して損を回避！

米国株式の配当金については源泉分離課税と説明しましたが、確定申告も可能です。

そして、**確定申告をする場合、総合課税か申告分離課税のいずれかを選ぶことになりますが、そのいずれでも、「外国税額控除」の適用を受けることができます。**

外国税額控除というのは、外国証券投資による利子や配当金について国外で課税された税額を、国内で課税された所得税や住民税から控除することによって、国際間の二重課税を調整するためのものです。

外国税額控除は、確定申告して総合課税または申告分離課税を選択しなければ適用されないので注意が必要です。

自分で手続きをしなければならないので、面倒だと思う人もおそらくいるでしょう。

投資している金額が少なく、受け取れる配当金の額が少額である場合は、手間暇をかけて外国税額控除の手続きを行うメリットは、感じられないかもしれません。

ただ、投資している金額が徐々に大きくなると、外国税額控除の額も、それなりに大きくなっていきます。ですから、いずれかの時点では外国税額控除を行うことになるという点も含めて、事前にその手続きについて確認しておくとよいでしょう。

注意点③

譲渡益・配当金には為替差損益が含まれる

米国株式は原則、ドル建ての取引になります。したがって、**米国株式の取引によって生じた差損益には、為替差損益も含まれます。**

たとえば、株価が１０００ドルの銘柄を購入する際の為替レートが１ドル＝１０１円だったとします。それを、株価が１３００ドルまで値上がりしたところで利益確定の売りを出したとき、為替レートは１ドル＝１０３円に変わっていたとします。

この場合、購入時の円建て価格は１０００ドル×１０１円＝10万１０００円。そして、売却時の円建て価格は、１３００ドル×１０３円＝13万３９００円になりますから、その差額である３万２９００円に対して20・３１５％が申告分離課税されることになります。

つまり、為替差損益も含めたうえで、課税対象となる利益が生じているかどうかを考える必要があります。

たとえば、株価が1000ドルから1100ドルに値上がりしていたとしても、為替レートが1ドル＝101円から90円まで、急激な円高に見舞われたとしたら、どうなるでしょうか。

購入時の円建て価格は10万1000円。これに対して売却時の円建て価格は、1100ドル×90円＝9万9000円です。

つまり、ドル建ての株価が上昇したとしても、為替レートが円高に進めば、為替差損によって、株価の値上がり益が相殺されてしまうのです。場合によっては、この事例のように売却損を被ってしまうケースもあります。

もちろん、**為替差損も含めて売却損が生じた場合は、そこで生じた損失を、他の口座で持っている日本株の利益と損益通算できます**。さらに損失が残った場合は、繰越控除を利用して、少しでも税負担を軽減させる方法を考えるべきでしょう。

米国株式もＮＩＳＡの対象に

２０１４年１月からスタートした投資非課税制度であるＮＩＳＡは、**上場株式や株式投資信託の投資によって得られた値上がり益、配当金、分配金に対して、一定の投資金額を上限に非課税にするという制度ですが、その対象には米国株式も含まれています。**

さて、このＮＩＳＡという制度ですが、年間１２０万円を上限に投資して得た値上がり益などが、非課税の対象になります。

本来、20・315％の税金を取られるところが、完全な非課税になるわけですから、この制度が有利であるのは明らかです（図8−1）。

ＮＩＳＡがどういう制度かということを、説明しておきましょう。ちょっと仕組みは複雑ですが、次の４つのポイントを理解すれば大丈夫です。

①運用収益が非課税になる投資元本は年間１２０万円

②２０２１年から始めた人の非課税総額は３６０万円

図8-1　NISAを活用すると、これだけお得に

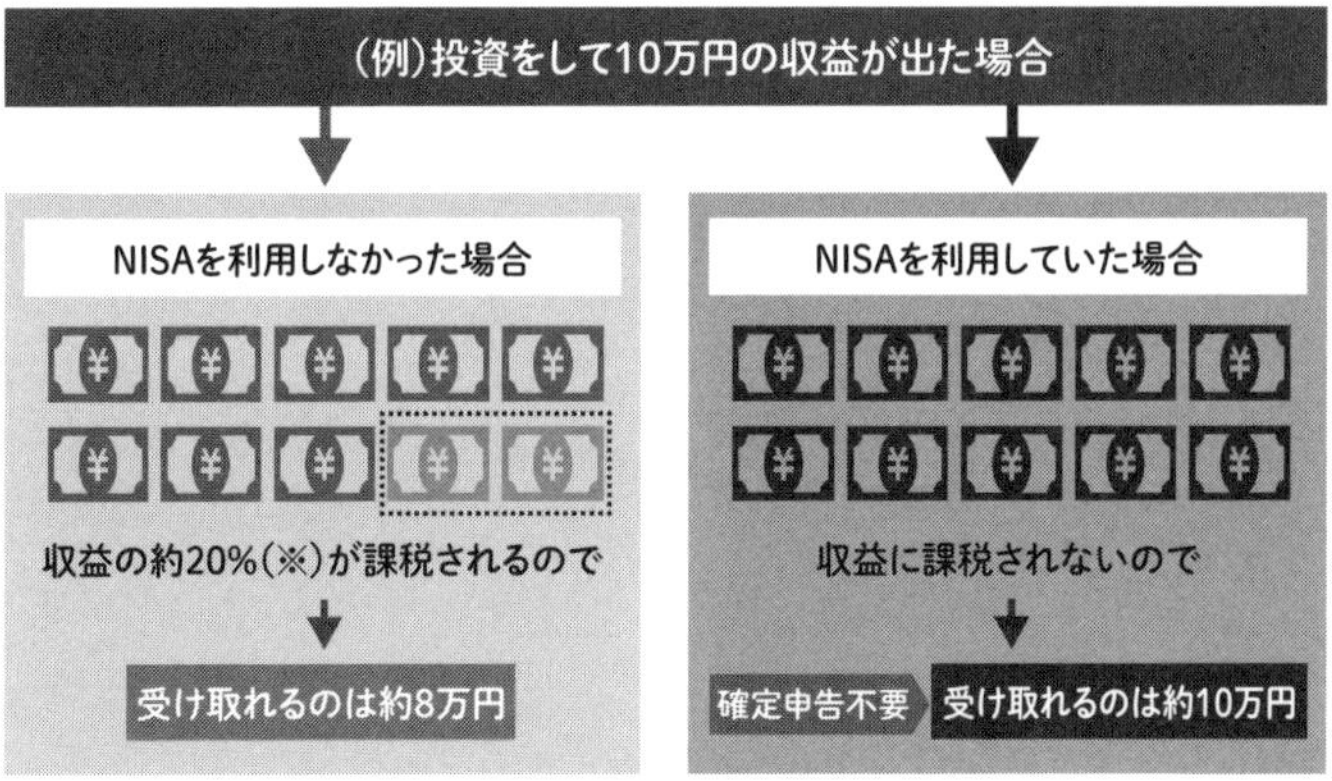

③非課税期間は５年

④口座開設可能期間は２０２３年まで

まず①ですが、これは１年間で投資できる金額の上限を指しています。たとえば２０２１年のＮＩＳＡ口座で１２０万円を投資したら、もう２０２１年中はＮＩＳＡを使った投資はできません。次にＮＩＳＡの枠を使って投資できるのは、２０２２年以降になります。

次に②ですが、前述したようにＮＩＳＡの１年間の投資額は１２０万円が上限です。したがって毎年１２０万円ずつ投資できるわけですが、現行のＮＩＳＡは２０２３年が口座開設可能期間の最終年になるので、最大で３６０万円が上限額になります。

ただし、ＮＩＳＡの非課税期間は③にもあ

るように、5年間です。２０２３年の枠で投資した場合、そこから発生した値上がり益、配当金、分配金が非課税扱いになるのは２０２７年末までになります。

２０２４年から新ＮＩＳＡがスタート

ところで、現行ＮＩＳＡの口座開設可能期間は２０２３年までですが、２０２４年からは新ＮＩＳＡがスタートします。この新ＮＩＳＡと区分けするため、２０２３年まで使える現行のＮＩＳＡを「一般ＮＩＳＡ」と称しています。

新ＮＩＳＡの非課税期間は現行ＮＩＳＡと同じ5年です。したがって、２０２１年から一般ＮＩＳＡでの運用をスタートさせた場合、２０２４年から２０２７年までの間は、一般ＮＩＳＡと新ＮＩＳＡの両方で運用することになります。

新ＮＩＳＡについて簡単に説明しておきましょう。

一般ＮＩＳＡは年間の非課税額が１２０万円ですが、新ＮＩＳＡの非課税枠は2階建てになります。１階部分はつみたてＮＩＳＡの対象商品である投資信託が対象で、非課

図８−２　一般NISAと新NISA

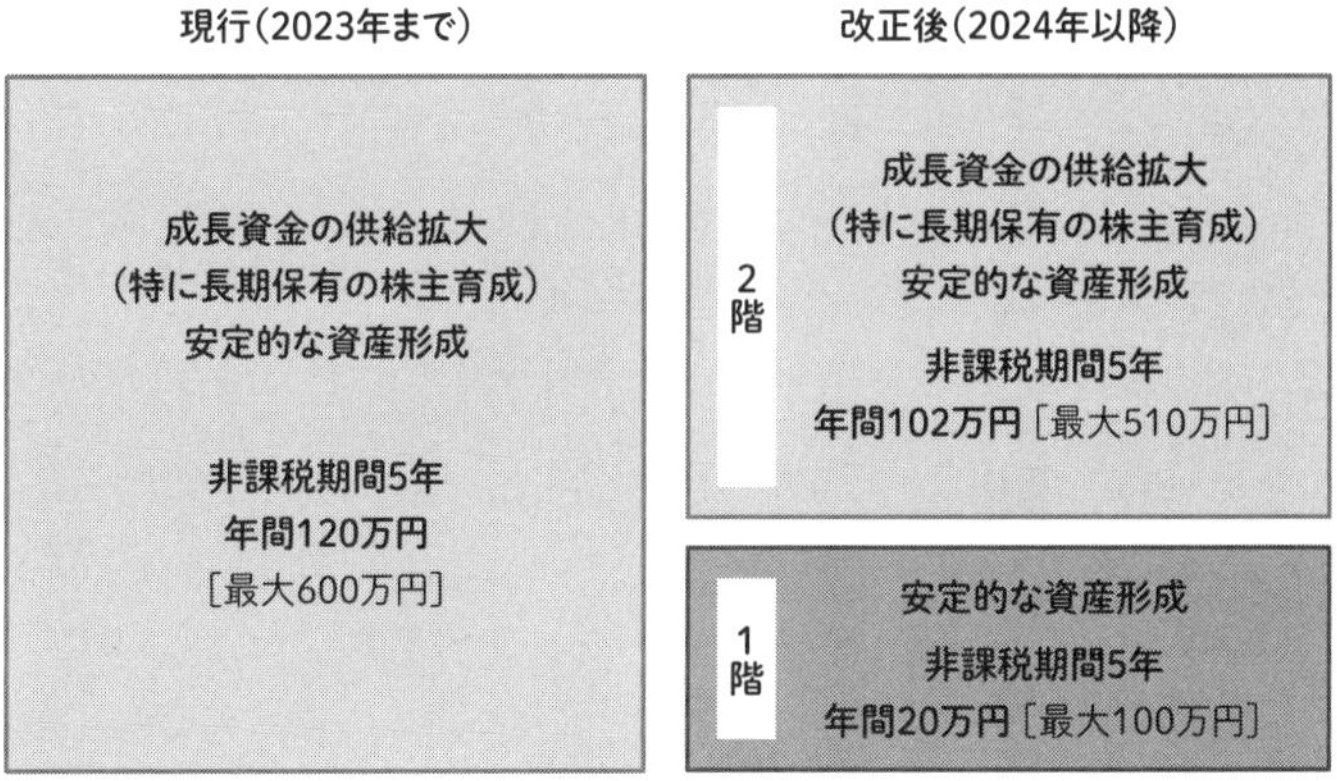

（出所）「令和2年度税制改正について」（令和元年12月金融庁）よりマネックス証券作成

税枠は20万円です。そして2階部分は上場株式や株式投資信託が対象となり、非課税枠は１０２万円になります（図８−２）。

基本的に１階部分を利用しないと2階部分は利用できないのですが、**一般ＮＩＳＡを利用していて投資経験を持っている人であれば、届け出を出すことによって1階の利用をせずとも2階を利用できます**。つまり、つみたてＮＩＳＡ用の投資信託を買わなくても、株式のみで新ＮＩＳＡを利用できるのです。

ただし、一般ＮＩＳＡで１２０万円の非課税枠いっぱいまで投資していた人は、新ＮＩＳＡの2階だけを利用する場合、非課税枠が１０２万円に減額されてしまう点には注意が必要です。

２０２１年に一般ＮＩＳＡを使って投資を始めた人は、２０２５年12月末に非課税期間が終了するため、２０２６年１月からの新ＮＩＳＡにロールオーバーできます。新ＮＩＳＡの非課税期間は２０３０年12月末に終了するわけですが、現状では新ＮＩＳＡの口座開設可能期間が２０２８年までなので、さらなるロールオーバーはできません。この場合、２０３０年12月末で非課税期間が終了した時点で、その資金を課税口座に移すことになります。

現状、新ＮＩＳＡが２０２９年以降も存続するかどうかについてはまったくの未定です。ただし、想定していた以上に新ＮＩＳＡに対する反響があり、全国的に新ＮＩＳＡに対するニーズが高まれば、さらに制度を延長する可能性もあります。

ＮＩＳＡを利用する際の注意点

運用収益が非課税になるという点が魅力のＮＩＳＡですが、ＮＩＳＡ口座を利用するに際しては、注意するポイントが３つあります。

①複数の金融機関に口座を持てない

ＮＩＳＡの口座を開けるのは、あくまでも１人１金融機関のみとなっています。また、金融機関の乗り換えは可能ですが、たとえば２０２１年分のＮＩＳＡ口座を一度でも利用していた場合は、２０２１年分のＮＩＳＡ口座の変更はできません。その場合は２０２２年分以降のＮＩＳＡ口座を変更することになります。

②課税口座とのあいだで損益通算などができない

ＮＩＳＡの口座を開こうとしている人のなかには、すでに証券会社で特定口座や一般口座を開き、株式などの売買を行っている方もいらっしゃるでしょう。

たとえば特定口座で日本株に、ＮＩＳＡで米国株に投資したとしましょう。特定口座で投資した日本株に利益が出て、ＮＩＳＡで投資した米国株に損失が生じたとしても、その損益通算は認められません。もちろん、損失の繰越控除も不可能です。ＮＩＳＡは、たしかに非課税メリットが魅力ではあるのですが、損益通算ができないという点において、すでに株式取引などを行っている投資家にとっては、少し不満が残る制度かもしれません。

③非課税期間が終了したあとの処置

たとえば100万円で投資したものが、非課税期間終了時に90万円になったとしましょう。その場合、口座開設可能期間内であれば、直近の新しい枠にロールオーバーさせるという手があります。

90万円でロールオーバーさせ、非課税期間が終了するまでに当初の投資元本を上回れば、その値上がり益は非課税扱いになります。

しかし、さらに値下がりしたらどうでしょうか。たとえば、ロールオーバーしたあとの非課税期間が終了する時点で、60万円まで値下がりしていたとします。

この場合、そこで損切りをするか、もしくは課税口座に移管して保有し続けるかを選択しなければなりません。

前述したように、NISAで生じた損失と、課税口座で生じた利益を損益通算させることはできません。したがって売却したとしても、損失が実現するだけなのです。もちろん、まったく今後、上がる見込みがないと判断するならば、その時点で損切りをするのもよいでしょう。ただ、これから徐々に反騰する可能性があるという場合は、課税口座に移管して保有し続けることも選択肢としてあります。

ただ、ここでひとつだけ大きな問題が生じてきます。それは、**課税口座に移管した場合、その時点の価格が新しい取得価格になる**ということです。

たとえば１００万円が60万円まで値下がりしたところで課税口座に移管すると、課税口座の取得価格は60万円になるのです。

もし、そのあとで１００万円まで値上がりしたとしましょう。そもそもＮＩＳＡを使って投資した時点の価格が１００万円ですから、ようやく買値に戻ったことになります。しかし、課税口座の取得価格は60万円ですから、「60万円から１００万円に値上がりした」ということになり、その値上がり益である40万円に対して課税されてしまうのです。

したがって、損失を取り戻すまでは課税口座で塩漬けにしておくと考えている人は、値上がり益に対する課税分をきちんと考慮に入れたうえで、売却するタイミングを見計らう必要があります。

ＮＩＳＡというと、非課税メリットばかりが強調されがちですが、同時にこのようなデメリットもあるという点には留意しておくべきでしょう。それを把握したうえで、ＮＩＳＡの有効な使い方を考えていくことが大切です。

米国株式の場合は配当金課税にも注意

以上は、日本の上場株式および株式投資信託でＮＩＳＡを活用した場合の注意点ですが、米国株式の場合、何か他の注意点はないのでしょうか。

米国株式でＮＩＳＡを活用した場合には配当金課税にも注意が必要です。

配当金に対する課税は、米国国内で10％、日本において10・315％が差し引かれることになっています。ＮＩＳＡは、配当金に対する税金が非課税になりますが、米国株式の配当金に関しては、日本国内で課税される10・315％分だけが、非課税になります。

つまり、いくらＮＩＳＡで運用しているといっても、米国株式の場合、配当金に対して10％が課税されてしまうのです。

次に値上がり益に対する課税ですが、日米の租税条約により、米国の非居住者が米国株式を売買した場合については、値上がり益に対する課税は行わないことになっています。

加えて、ＮＩＳＡでは日本国内における値上がり益の課税も行わないので、ＮＩＳＡを通じて米国株式に投資した場合は、完全な非課税扱いになります。

以上をまとめると、ＮＩＳＡを通じて米国株式に投資した場合、その収益に対する課税は、

①配当金……米国において10％が源泉分離課税
②値上がり益……米国、日本ともに非課税

ということになります。

米国株式は長期の資産運用に非常に適している

プロローグでも触れましたが、米国の株式市場は大きな暴落を経験しながらも、長期でみると右肩上がりに推移しています。この回復力の強さが米国株式市場の魅力なのですが、もしそれが今後も当てはまるのであれば、米国株式は着実な値上がりが期待でき

る投資対象ということになります。

そう考えると、**長期の資産運用を行うために、米国株式は非常に適した投資対象**といえるでしょう。

加えて、**米国株式は日本の株式に比べて、配当利回りが高い**という特徴があります。米国では平均して約５％程度の配当利回りが得られることから、米国側で課税される10％分を差し引いたとしても、実質ベースで４・５％の配当利回りが得られると考えられます。

つまり、長期で安定した配当利回りを得たいという人にとっても、米国株式は向いているのです。

つまり、**値上がり益、あるいは配当金の面からみても、米国株式市場は、安心かつ堅実に資産をふやすうえで、魅力的な投資対象**だといえるのです。

おわりに

いかがでしたでしょうか。

「米国の株式市場に投資してみよう！」という気持ちになりましたか？

米国という国が建国されたのは、１７７６年7月のこと。以来、２００年以上が経過しているわけですが、米国経済が持っているポテンシャルというのは、実に計り知れないほど大きなものがあります。

本編でも述べてきましたが、そのポテンシャルを支えている最大要因は、何といっても人口増です。

米国はそもそも移民の国ですから、日本のように、移民に対するアレルギーがありません。

だから、多くの人々が米国を目指します。

欧州や日本を含む先進国の多くは、すでに人口の高齢化が進み、この先に待っているのは人口減少社会です。しかし、米国は先進国の旗頭的な存在であるにもかかわらず、移民政策が奏功し、人口は高止まりの気配を見せるどころか、むしろ増加傾向をたどっています。

しかも、米国経済の強みはそれだけではありません。少し前の中国もそうでしたが、インドネシアやＡＳＥＡＮ諸国など、人口増を背景にしてさらなる成長ステージに向かおうとしている国々は多くあります。

そこから頭一つ抜きん出た存在になるためには、さらに高く、かつ長期的な成長トレンドが描けるだけの、オリジナルな要素が必要なのです。ご存知のとおり、米国は実力主義の国です。

その実力を磨くために、世界でも注目される高等教育が用意されています。ハーバード大学、スタンフォード大学、ＭＩＴなど、世界の大学ランキングを作成すると、必ず上位には、多くの人も耳にしたことのある米国の大学名がずらりと並びます。こうした大学を目指して、国内外問わず若者が米国に集まってくるのです。

若き優れた人たちは、大学を卒業したあと、どのような道を選択するのでしょうか。公務員を目指す？　大企業への就職を目指す？　起業する？

米国で高等教育を受けた多くの若者は、第二のアップル、グーグル、フェイスブックを目指して、起業することが多いのです。そして米国には、起業をファイナンスの面からサポートするベンチャーキャピタルが存在し、世界最大の資本市場があります。本当に優れたビジネスモデルを描ければ、資本市場を通じて容易に必要資金を調達できます。だからこそ、「一旗揚げよう」というベンチャースピリッツの塊のような人たちの多くは、世界中から米国を目指そうとするのです。

このように考えていくと、米国の人口増は、決して積極的な移民政策によってのみ支えられているわけではない、ということに気づきます。世界に冠たる高等教育、世界最大の資本市場も、世界中から人を米国に呼び集める磁場になっていると考えられます。

そして……。

米国経済の未来を考えると、それはなかなか明るいという事実があります。さらなる成長を続ける米国と円安ドル高。この2点だけでも、米国に投資しない手はないと思うのは、私だけでしょうか。

翻って我が国は現状、若者がこれから資産を自分の手で形成していかなければならない状況に直面しています。

いまの高齢者がこれだけの財産を築き上げられたのは、自分たちの人生が、ちょうどうまく日本の高度経済成長期と重なり合ったからです。結果、多くの人たちは年齢が上がるごとに賃金も上昇する「年功序列賃金」と、定年まで職場を追われずに済む「終身雇用制」という2つのベネフィットを手にすることができました。

それを、いまの若い人たちが求めることは、むずかしいでしょう。日本はすでに安定成長期に入っており、経済のパイがどんどん拡大するような局面ではなくなっているからです。

そのなかで、いかにして自分の財産をふやしていくか。米国は世界最大の経済大国であり、文字どおり、世界経済のけん引役でもあります。その国の経済が、これからも成長ののびしろがあるのですから、これほど魅力的な投資対象はないでしょう。

そのうえ日本からみれば、これから円安ドル高が進んだ場合、米国株投資で為替差益まで狙えてしまうのです。

まずは第一歩を踏み出してみましょう。本書がそのきっかけになれれば幸いです。

2021年8月

マネックス証券取締役会長　松本　大

本書は情報の提供のみを目的としたものであり、本書に記載されている銘柄を推奨、勧誘するものではありません。本書に記載した情報、予想及び判断は有価証券の購入、売却、デリバティブ取引、その他の取引を推奨し、勧誘するものではございません。過去の実績や予想・意見は、将来の結果を保証するものではございません。
本書に記載された米国株式のお取引を実際に行われる場合には、以下のようなリスクがあることにご留意のうえ、銘柄の選択、売買価格などの投資にかかる最終決定はお客様ご自身の判断と責任でなさるようにお願いいたします。

米国上場有価証券等のお取引に関する重要事項

〈リスク〉

米国株式および米国ETF、REIT、預託証券、受益証券発行信託の受益証券等（以下「米国株式等」）の売買では、株価等の価格の変動、外国為替相場の変動等、または発行者等の信用状況の悪化等により、元本損失が生じることがあります。米国ETF等の売買では、裏付けとなっている資産の株式相場、債券相場、金利水準、為替相場、不動産相場、商品相場等（これらの指数を含む。）や評価額の変動により、元本損失が生じることがあります。国外株式等の場合には、その国の政治的・経済的・社会的な環境の変化のために、元本損失が生じることがあります。なお、外国為替相場の変動により、外貨お預り金の円換算価値が下がり、円ベースでの元本損失が生じることがあります。

〈手数料等〉

米国株式等の売買では、約定金額に対し0.45％（税込：0.495％）（ただし、手数料上限20米ドル（税込：22米ドル））の国内取引手数料がかかります。IFAコースをご利用のお客様について、IFAを媒介した取引の取引手数料は、1注文の約定金額により異なり、最大14,000米ドル（税込：15,400米ドル）かかります。また、上記取引手数料のほか売却時のみ現地取引費用がかかります。現地取引費用は、市場状況、現地情勢等に応じて決定されますので、その金額等および手数料等の合計額等をあらかじめ表示することはできません。また、米国ETF等の売買では、保有期間に応じて信託報酬その他手数料がかかることがあります。なお、円貨お預り金と外貨お預り金の交換時に所定の為替手数料がかかります。

〈その他〉

お取引の際は、マネックス証券のウェブサイトに掲載の「上場有価証券等書面」「リスク・手数料などの重要事項に関する説明」を必ずお読みください。また、米国株式等は、国内金融商品取引所に上場されている場合や国内で公募・売出しが行われた場合等を除き、日本の法令に基づく企業内容等の開示が行われておりませんので、取引を行うにあたっては十分にご留意ください。
マネックス証券の口座開設・維持費は無料です。口座開設にあたっては、「契約締結前交付書面」で内容をよくご確認ください。

マネックス証券株式会社 金融商品取引業者 関東財務局長（金商）第165号
加入協会：日本証券業協会、一般社団法人 第二種金融商品取引業協会、一般社団法人金融先物取引業協会、一般社団法人 日本暗号資産取引業協会、一般社団法人日本投資顧問業協会

【著者紹介】

松本　大（まつもと　おおき）

マネックス証券株式会社取締役会長、マネックスグループ株式会社代表執行役社長CEO。

1963年埼玉県生まれ。1987年東京大学法学部卒業、ソロモン・ブラザーズ・アジア証券会社入社。1990年にゴールドマン・サックス証券会社に転じ、1994年、史上最年少の30歳で同社のゼネラル・パートナーに就任。アジアにおけるトレーディング、リスク・マネジメントの責任者となり、スペシャル・シチュエーション・グループも設立。1999年にソニー株式会社との共同出資でマネックス（現マネックス証券）を設立し、現在は会長兼CEO。

マスターカード社外取締役、ヒューマン・ライツ・ウォッチ国際理事会副会長も務める。

主な著書に『10億円を捨てた男の仕事術』（講談社）、『世界のマーケットで戦ってきた僕が米国株を勧めるこれだけの理由』（東洋経済新報社）、『お金の正体』（宝島社）などがある。

今日から始める！
米国株投資　超入門
松本大がやっぱり勧めるこれだけの理由

2021年10月21日発行

著　者――松本　大
発行者――駒橋憲一
発行所――東洋経済新報社
〒103-8345　東京都中央区日本橋本石町 1-2-1
電話＝東洋経済コールセンター　03(6386)1040
https://toyokeizai.net/

装　丁…………小口翔平＋阿部早紀子（tobufune）
D T P…………アイランドコレクション
編集協力………鈴木雅光（JOYnt）
印　刷…………東港出版印刷
製　本…………積信堂
編集担当………近藤彩斗

Printed in Japan　ISBN 978-4-492-73359-2